旅游规划与设计
TOURISM PLANNING & DESIGN

乡村振兴：产业转型与文化共创
Rural Revitalization: Industrial Transformation and Cultural Co-creation

旅游规划 + 自然游憩 + 景区管理　　北京大学城市与环境学院旅游研究与规划中心　主编

中国建筑工业出版社

图书在版编目（CIP）数据

旅游规划与设计：乡村振兴：产业转型与文化共创= Tourism Planning & Design Rural Revitalization: Industrial Transformation and Cultural Co-creation/ 北京大学城市与环境学院旅游研究与规划中心主编. -- 北京：中国建筑工业出版社，2023.2
ISBN 978-7-112-28413-9

Ⅰ.①旅… Ⅱ.①北… Ⅲ.①旅游规划②乡村-旅游业发展 Ⅳ.①F590.1

中国国家版本馆CIP数据核字(2023)第037066号

编委（按姓名拼音排序）：

保继刚（中山大学）	陈　田（中国科学院）	陈可石（北京大学深圳研究生院）
高　峻（上海师范大学）	刘　锋（巅峰智业）	刘滨谊（同济大学）
罗德胤（清华大学）	马晓龙（南开大学）	马耀峰（陕西师范大学）
石培华（南开大学）	唐芳林（国家林草局）	王向荣（北京林业大学）
魏小安（世界旅游城市联合会）	谢彦君（海南大学）	杨　锐（清华大学）
杨振之（四川大学）	姚　军（中国旅游景区协会）	张　捷（南京大学）
张广瑞（中国社会科学院）	周建明（中国城市规划设计院）	邹统钎（北京第二外国语学院）

名誉主编： 刘德谦

主编： 吴必虎
特约主编： 高　璟
常务副主编： 戴林琳
副主编： 李咪咪　汪　芳　钟栎娜
策划： 林丽琴　姜丽黎
装帧设计： 王　立
责任编辑： 王晓迪
责任校对： 王　烨

封面图片提供： 草原宿集
封面图片说明： 草原宿集
扉页图片提供： 乡村复兴论坛
扉页图片说明： 浙江松阳先锋书店
封二底图提供： 江西武功山路虎越野营地
封二底图说明： 江西武功山路虎越野营地接待中心
封三底图提供： 余顺辉
封三底图说明： 浙江舟山嵊泗岛民宿

旅游规划与设计　乡村振兴：产业转型与文化共创
Tourism Planning & Design　Rural Revitalization: Industrial Transformation and Cultural Co-creation
北京大学城市与环境学院旅游研究与规划中心 主编

*

中国建筑工业出版社 出版、发行（北京海淀三里河路9号）
各地新华书店、建筑书店经销
临西县阅读时光印刷有限公司印刷

*

开本：880毫米×1230毫米 1/16　印张：8¼　字数：253千字
2023年3月第一版　　2023年3月第一次印刷
定价：**58.00**元
ISBN 978-7-112-28413-9
（40617）

版权所有　翻印必究
如有内容及印装质量问题，请联系本社读者服务中心退换
电话：(010) 58337283　　QQ：2885381756
（地址：北京海淀三里河路9号中国建筑工业出版社604室　邮政编码：100037）

序

乡村振兴：产业转型与文化共创

乡村对每一个中国人来说，都承载了太多的回忆和梦想。"山重水复疑无路，柳暗花明又一村"，乡村是我们博大精深的传统文化的一部分。"梅子金黄杏子肥，麦花雪白菜花稀"，乡村是中华民族五千年赖以生存的土地。"近乡情更怯，不敢问来人"，乡村是无数游子过客日日思念的家园。作为一位生于20世纪末的80后，我有许多关于乡村的童年记忆，那抹记忆在我的脑海中早已生根发芽。在当下繁忙的21世纪，我仍会时不时勾勒出那些画卷：满是庄稼的田野、潺潺小河里的游鱼、奶奶手中的木柴……

然而，周围的人都在说"时代变了"。一些叫作"全球化""现代性""后现代性""信息时代"的入侵者来到了乡村。正如卡斯特尔斯所说，空间逻辑正在分化成两种不同的形式，即流动性（space of flows）与地方性（space of places）。从地理学的角度看，这种流动性在毁灭地方性，但地方性又在流动性中得以重塑。确实，中国乡村的面貌也在这几十年发生了深刻的变化。我很茫然，我的第一反应是：是否应该为生于21世纪的孩子们做些什么，来留住他们父辈甚至祖辈关于乡村的记忆？

党的十九大提出"乡村振兴"，为我们提供了更多机会。文旅融合理念不仅可以重塑乡村文化的各种物质载体，更在精神和记忆层面有助于塑造全民认同。要实现乡村产业兴旺、生态宜居、乡风文明、治理有效、生活富裕的目标，文旅产业大有可为。

本书聚焦乡村振兴背景下的乡村发展，从"地方理论与乡村振兴""功能更新与业态转型"和"遗产活化与文化共创"三个主要角度，为我们展示了新形势下文旅融合助力乡村振兴的一些新的理论、策略和实践。

感谢我的博士导师吴必虎教授，他知道我的大半学术生涯都在与乡村打交道，也知道我一直以来对乡村怀揣的热烈情怀，特邀我共同策划本书。未来的变化无法预料，但我会为下一代守护我认为的宝贵的东西。感谢本书策划林丽琴、姜丽黎在工作中的支持，也感谢所有作者的努力，是他们共同完成了本书。乡村是我们共同的财富，愿各行各业的人都能心念乡村振兴，未来农业强、农村美、农民富不是梦想。我会立誓做乡村记忆的守护者，这或许是我们这代人献给未来最宝贵的回忆。

高璟

北京工业大学城市建设学部城乡规划系讲师

目 录

旅游规划与设计 TOURISM PLANNING & DESIGN
旅游规划 + 自然游憩 + 景区管理

06 地方理论与乡村振兴

08　环城游憩背景下大都市区传统村落再地方化的理论初探　　　　　　　　　　　　　高 璟　吴必虎

18　旅游者红色文化遗产感知的保护行为意愿影响研究：以社会记忆唤醒和地方依恋为中介作用

　　　　　　　　　　　　　　　　　　　　　　　　　　　　　　　　　　　　　　李 睿　王 芳

28　乡村文化记忆的在地活化实践：青普人文度假　　　　　　　宫琳娜　李俏云　高 璟

36　方言对游客地方感的影响研究：以闽南语为例　　　　　　　　　　　　杜梦佳　王 芳

48　民族地区扶贫效应多维感知研究：以新疆和田深度贫困村为例　　　　王松茂　郭英之

58 功能更新与业态转型

60　国际乡村遗产保护共识与典型乡村保护更新实践　　　　　　　　　　　高 志　张俊波

70　矿山特色旅游小镇的改造与研究：以陕西潼关小秦岭矿山公园为例　　杨颖华　韩永红

76　基于旅游产业发展的豫中传统聚落空间更新及活化利用研究　　　　　王小斌　许靖一

84　"三生"融合视角下乡村产业发展模式与策略探究：以山东省枣庄市独古城村为例

　　　　　　　　　　　　　　　　　　　　　　　　　　　　　　　　　　　　赵 铭　赵之枫

94　芳香主题民宿与沉浸式体验：乡村振兴之芳香赋能文旅　　　　　　　　　　　　红 药

102 遗产活化与文化共创

104　"全流程的文化遗产活化与利用"：对话"文里·松阳三庙文化交流中心"创始人彭海东

　　　　　　　　　　　　　　　　　　　　　　　　　　　　　　　　　　　　　　　戴林琳

110　乡村旅游振兴传统村落策略探讨：以北京市柳沟村餐饮文化开发为例　　聂世家　赵之枫

118　故乡文创中心：一种新型乡土文化共创空间的探索与实践——以敕勒川故乡文创中心为例

　　　　　　　　　　　　　　　　　　　　　　　　　　　　　　　　　　　　李 霞　朱丹丹

124　探索"陪伴式乡村运营共建"模式：重庆市银河村实践案例　　　李永良　李路宜　李济彤

乡村振兴：产业转型与文化共创

CONTENTS

旅游规划与设计 TOURISM PLANNING & DESIGN
旅游规划 ＋ 自然游憩 ＋ 景区管理

06　Place and Village: Theory and Practice

08　Re-localizing Traditional Villages in the Process of ReBAM: A Preliminary Study *by Gao Jing, Wu Bihu*

18　The Mediating Role of Social Memory Arousal and Place Attachment in The Development of Tourist-protecting Behavioral Intentions *by Li Rui, Wang Fang*

28　Revitalizing the Cultural Memory of Villages: A Case Study of Tsingpu Retreat *by Gong Linna, Li Qiaoyun, Gao Jing*

36　Dialect, Place, and Tourism: A Case of Hokkien *by Du Mengjia, Wang Fang*

48　Study on the Resident Multidimensional Perceptions of Poverty Alleviation in Minority Areas: A Case of Hotan, Xinjiang *by Wang Songmao, Guo Yingzhi*

58　Space and Product: Renovation and Transformation

60　Conservation and Renovation of Rural Heritage: Lessons from Overseas *by Gao Zhi, Zhang Junbo*

70　Construction and Renovation of Mine-based Towns: A Case Study of Shaanxi Tongguan Xiaoqinling Mining Park *by Yang Yinghua, Han Yonghong*

76　Tourism-driven Renewal and Revitalization of Rural Settlements in Central Henan *by Wang Xiaobin, Xu Jingyi*

84　An Exploratory Study on Rural Tourism Development Mode and Strategy from the Perspective of Industry-living-ecology Integration：A Case Study of Dugucheng Village in Zaozhuang, Shandong *by Zhao Ming, Zhao Zhifeng*

94　Bringing Aroma to Tourism Experience Design in Rural Revitalization: The Case of Aromo House in Beijing *by Hong Yao*

102　Heritage and Culture: Activation and Co-creation

104　Revitalizing and Capitazing Cultural Heritage via a set of Procedures: A Dialogue with Peng Haidong, the Founder of Culture Neighborhood · Songyang Sanmiao Cultural Communication Centre *by Dai Linlin*

110　An Exploratory Study on the Strategy of Revitalizing Traditional Villages through Rural Tourism: A Case of Catering Development of Liugou Village in Beijing *by Nie Shijia, Zhao Zhifeng*

118　Exploration and Practice of Cultural Co-creation in Vernacular Space: A Case of Chilechuan Cultural Product Creation Center *by Li Xia, Zhu Dandan*

124　Villagers and Community in Cooperation: Experiences from Rural Revitalization of Yinhe Village in Chongqing *by Li Yongliang, Li Luyi, Li Jitong*

Rural Revitalization: Industrial Transformation and Cultural Co-creation

晋江梧林文化行馆

地方理论与乡村振兴

Place and Village: Theory and Practice

高 璟 吴必虎		环城游憩背景下大都市区传统村落再地方化的理论初探
李 睿 王 芳		旅游者红色文化遗产感知的保护行为意愿影响研究：以社会记忆唤醒和地方依恋为中介作用
宫琳娜 李俏云 高 璟		乡村文化记忆的在地活化实践：青普人文度假
杜梦佳 王 芳		方言对游客地方感的影响研究：以闽南语为例
王松茂 郭英之		民族地区扶贫效应多维感知研究：以新疆和田深度贫困村为例

图片来源：青普

环城游憩背景下大都市区传统村落再地方化的理论初探

Re-localizing Traditional Villages in the Process of ReBAM: A Preliminary Study

文 / 高 璟 吴必虎

【摘 要】
伴随中国乡村振兴战略的全面推进，繁荣发展乡村文化是重要一环。乡村记忆是乡村文化的重要组成部分，是其灵魂和核心。同时，中国广大乡村至今留存的传统村落又是乡村记忆的重要载体之一。在全球化和新型城镇化的影响下，乡村记忆不断被消解和重塑，并通过乡村的物理空间、情感价值被不同主体感知。本文在城乡融合背景下，通过文献梳理，从背景、研究现状、研究价值三个方面，以再地方化视角对城乡要素激烈碰撞的大都市区传统村落的保护和利用进行了理论上的探索，认为再地方化是重塑传统村落地方性、构建乡村文化认同、唤起乡村记忆的重要途径。

【关键词】
乡村振兴；再地方化；传统村落；记忆；认同；地方性

【作者简介】
高 璟 北京工业大学城市建设学部城乡规划系讲师
吴必虎 北京大学城市与环境学院旅游研究与规划中心教授、博士生导师

1 背景及问题缘起

人类学者海曼（Heyman, 1994）在研究墨西哥某地建筑时，提出了"去地方化"这一概念，用来指代外来标准化建筑材料逐渐取代本地材料，导致本土文化的流失的现象。托马斯（Thomas, 1998）研究马达加斯的乡村后发现，当地用于民居的主要建筑材料不都是由地方生产，很多是国际市场上的标准化产品，认为地方出现了通过消费外来材料的再地方化过程，作为对海曼去地方化概念的回应。无独有偶，人文地理学中也有两个概念与去地方化相近，即雷尔夫（Relph, 1976）提出的"无地方性"和马克·欧杰（Marc Augé, 1995）提出的"非地方"，用于描述地方失去其特殊意义、地方性文化在全球化下渐趋普遍化、同质化、一体化的景象。

2012年起，我国住房和城乡建设部联合多部门相继公布了6批中国传统村落名录，可视为我国村落遗产的主体。然而，受近代以来全球工业化、城市化、现代化的冲击，村落成为遗产的同时，往往伴随空间格局改变、人口流失、传统生产生活方式衰落、社会文化变迁、景观生态恶化等现象。其保护和活态传承中面临地方性流失、集体记忆与精神情感退出的文化认同危机。传统村落可能被不断"去地方化"，变得"非地方"，从而失去自身特色。因此，深化对传统村落保护与利用的理论思考和实践成为中国乡村振兴的热点议题。

值得注意的是，在城市化成为中国社会经济进程的大背景下，大都市边缘区传统村落是十分特殊的一种类型。一方面，其在发展过程中受到城镇化强力辐射、城镇土地扩张和公共基础设施服务建设的影响，通常具有城乡经济文化混合发展、半城半乡的特点，村落空间形态、产业结构、生态环境经历着快速变革；另一方面，在大城市环城游憩（党宁等，2017）、乡村旅游需求高涨（吴必虎，2017），以及在城市推进文化建设、增强文化自信的相关国家政策影响下，这类村落也容易受"国家在场"和资本影响，陷入被动而出现文化特色流逝。以北京市为例，其传统村落大多分布在郊区县（图1），近年来，受环城游憩现象的持续推动，郊区传统村落成为旅游热点，如以长峪城村"猪蹄宴"、康陵村"春饼宴"为代表的特色饮食，以琉璃渠村民间花会为代表的传统节庆，以古北口村和灵水村为代表的旅游景区，以爨底下村和黄岭西村为代表

柳林水村

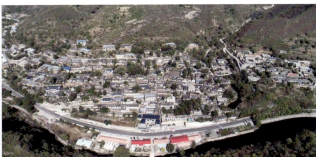

康陵村

长峪城村

沿河城村

图1 北京郊区部分传统村落无人机航拍图

图片来源：由北京工业大学城乡规划所传统村落研究小组提供

的民宿等。因此,再地方化为此类传统村落重建地方特色提供了新的研究视角与途径。

2 国内外研究现状梳理

2.1 地方与再地方化的相关研究

国内外人文地理学对地方研究进行了深入的探讨。经过莱特等（Wright et al., 1947）、段义孚（Yi-Fu, 1977）、雷尔夫（Relph, 1976）的引入,地方成为自文化转向以来新文化地理学的重要概念（周尚意 等,2011;周尚意 等,2014）,并由此衍生地方性、地方感、地方认同等概念（朱竑 等,2011）。近年欧美人文地理学对地方的研究视角主要有：现代性、空间与地方认同,地方认同的多样性与动态性,权力关系与地方认同,全球化背景下的地方（朱竑 等,2010）。不同学者对地方的含义理解不同,雷尔夫（1976）首次完整提出地方性的建构框架包括地方物质环境、地方活动、情境与事件,通过经历和意向形成的个人和集体意义。阿格纽（Agnew, 1987）整合了人文主义与结构主义理论,认为地方由区位、场所、地方感构成,国内相关研究也多从这一框架对地方性进行解读（白凯 等,2017;解芳芳 等,2020）,另有学者以景观、符号与文本对其进行解读（高权 等,2016）。随着自然社会环境的变化,地方在变化,地方概念和地方性也在演化（叶超 等,2020）。从动态视角看待地方,国内对不同情境与文化现象中地方性的建构机制、地方性重构、地方感和地方认同解读的研究已较为丰富,研究视角/方法论有人文主义、结构主义、行为主义、符号、话语、历史层累、地方芭蕾等（艾少伟 等,2013;孙九霞 等,2014;魏雷 等,2015;戴俊骋 等,2015;李一溪 等,2017;周尚意,2017;马腾 等,2018;杨槿 等,2020;汪芳 等,2016）。一种理解认为地方性是地方自有的或人赋予地方的特性与意义集合,指向客体即空间;地方感为基于地方的感知与情感集合,指向主体即人（宦震丹,2014）。但研究,对地方和地方性并没有统一的定义,对地方概念所混杂的主观与客观、主体与客体、历史及外部因素对地方性建构影响的讨论十分热烈。对于传统村落,翟洲燕等（2017）探讨了城乡一体化中地方性与传统村落空间文化价值的互动关系,从乡土文化、意象与符号表征、集体记忆与民间传说以及日常生活实践四方面挖掘传统村落空间的文化价值。周尚意（2017）提出四层一体法挖掘传统乡村的地方性。目前来看,对传统村落情境中地方性的研究数量偏少,研究内容还有待丰富,如不同类型传统村落地方性形成机制等问题均有待探索。

旅游与地方研究之间的关系也是学者讨论的热点议题,毫无疑问,旅游与地方有互动影响。全球化流动背景下,旅游使商品、文化、认同和地方性的创造与消费等一系列议题凸显（Burns & Novelli, 2008）。旅游的商品化导致地方文化独特性丧失与破坏是以往关于旅游社会文化影响文献中的主流观点（Stansfied, 1985; Sharpley, 1994）,可能忽视了当地人和目的地社会成员在建构文化、意义与认同方面发挥的积极性与能动性。有研究表明,旅游带来的流动性使地方的混杂状态进一步复杂化与动态化,但并不一定会造成地方性的衰弱与消亡（魏雷 等,2015）。旅游可以根据自身发展需求,对地方、传统、自然、文化和世界进行重塑,通过不同的社会空间、社会组织来塑造和定义地方性（Keith et al., 2009; Hultman & Hall, 2012）,最终地方成为由地方历史、全球化社会网络、旅游带来的商品化和流动性所共同作用的一个不断进行生产的未完结过程,必须同时考虑目的地、旅游者以及全球化体系中多元行动者的实践。国内学者对旅游与地方感、地方认同、地方依恋、地方想象、地方营销等关系均有探讨,研究方法以质性方法为主（唐文跃,2007;钱俊希,2013;孙九霞 等,2015;马东艳,2020）。

多学科对去地方化和再地方化进行持续讨论。除了早期海曼（1994）和托马斯（Thomas, 1998）提出去地方化和再地方化,国外学者还讨论了"无地方"和"非地方"的形成机制、影响因素以及其所表征的人地关系（何瀚林 等,2014）。国内有学者认为无地方性是一种现象和主观感知,其内涵、特征、形成原因、影响因素等理论建构还处于摸索过程中,并将星级酒店的无地方性分为主客二维（蔡晓梅 等,2013）。在环境保护和激进政治经济学领域,外国学者扩展了再地方化内涵,将其归结为一种基于食品、能源、商品的地方性生产,基于地方货币、治理、文化发展的可持续和再增长策略,其主要目标是提高社区能源安

图2 北京郊区传统村落爨底下　　　　　　　　　　　　　　　　徐晓东/摄

全水平、加强地方经济、改善环境条件、促进社会公平，以规避全球过度依赖廉价能源对环境、社会、政治和经济产生的不利影响（Quilley，2011；Wasylycia-Leis，2016）。国内学者引入人类学再地方化概念，从建筑、景观、饮食、服饰、语言、民间组织、族群认同等角度研究了民族村落的去地方化与再地方化，以小见大揭示整体文化变迁，探讨政府、市场、移民和本地少数民族在地方性文化再生产过程中的作用以及再生产中体现的族群关系；结合布迪厄文化资本理论，说明再地方化的本质是文化再生产（范可，2005；孙九霞 等，2012；孙九霞 等，2018；王欣，2019）。也有从乡村旅游、工业遗产保护等角度解读再地方化现象，突出了旅游作为外部刺激对地方化和再地方化的影响（冯广圣，2014；范晓君 等，2020）。

是否可以拓展再地方化内涵，将其用于大都市区传统村落研究？一方面，传统村落具有遗产属性，包含物质、非物质文化价值体系，承载着地方社群的情感与记忆，是地方符号意义的景观（图2）（范晓君 等，2020）。在全球资本势力扩张背景下，遗产对维系集体认同感起到重要作用，是地方在现代性全球语境下保留特色的关键。另一方面，传统村落具有日常生活属性，大众旅游兴盛，游客和外来文化涌入，其保护与开发过程引起村民生产生活方式变迁，价值观、人生观、认知发生改变。部分传统村落在旅游竞争中为凸显地方特色，加大对文化景观的再造与新建，存在再地方化现象。假设地方性是状态变量，再地方化是否可指代地方性重构的过程抑或结果？传统村落如何获得新的地方性与意义？旅游对传统村落文化生产所带来的影响和作用机制是什么？什么原因及哪些力量推动着再地方化进程并促使文化的不同表征要素出现不同的地方化过程？再地方化过程中呈现出怎样的文化资本争夺与博弈？这些问题尚未得到清晰的答案。

综上，特别是对于受城镇化扰动与旅游影响较大的大都市区传统村落，再地方化视角是研究村落保护与利用的重要切入点。但从目前研究来看，以对民族村落的再地方化研究为主，对大都市区传统村落再地方化现象观照不足，应加强对其再地方化的理论和实践探索。

2.2 传统村落保护与利用的相关研究

学界将传统村落作为研究对象，已积累了丰富的案例、方法论与理论基础成果。研究趋势上经历了起步、停滞、回暖与高潮等阶段（陶慧，2019）。研究内容上，涉及价值判定、地理分布、空间形态、活化策略、立法保护、规划更新、文化基因及传承等，研究地域几乎涉及全国，呈现多学科多角度研究的特点，达成了既保护又利用的共识。明晰了研究的学科视角是从认识论和方法论上理顺传统村落研究的重要一环。孙九霞（2017）归纳了各学科研究的特点和不足，指出了民族学和人类学注重典型村落个案研究，难以形成中宏观的社会理论；地理学偏重地理环境对村落的影响，关注人地关系和宏观地理空间分布规律，微观解释不足；建筑学和城乡规划普遍关注建筑要素等物质技术层面及人居环境；旅游领域多探讨旅游开发的影响及社区参与，对村落的特殊性、整体性、系统性探讨不足。

传统村落与一般村落的显要区别可归纳为国家话语体系中的遗产属性和地方话语体系中的日常生活属性。首先，村落被贴上"传统"标签便被纳入国家遗产话语体系，意味着它具有多元的农业生产价值、"天人合一"的生态价值、村落共同体的社会生活价值、文化传承与道德教化的文化价值（鲁可荣 等，2016；陈志文 等，2020）。但中国地域辽阔、民族众多，多元化自然人文地理环境孕育的传统村落具有差异化的地方特色，很难一概而论。刘沛林等（2010）从景观基因视角将全国传统村落分为3个景观大区、14个景观区和76个景观亚区，可见其丰富性。其次，传统村落作为人类聚居地的空间载体，与古遗址、古墓葬等不可移动文物类遗产相比具有日常生产生活属性，为人类社会服务，有随着社会发展不断调适与复兴的可能，需活态保护与传承（高璟 等，2020），发挥生产、生活、生态、文化传承四大功能（邹君 等，2020a）。

在传统村落面临严峻存续危机的背景下，在国家、权力、资本、市场等多种外力的作用下，实践中出现了在旅游发展下传统文化再造和地方重建的现象。实践证明，旅游是传统村落保护与活化的重要方式（吴必虎，2016），一些较为成功的案例，诸如云南省怒江州百花岭民族村落空间再造和文化适应（刘婷，2020）、陕西省袁家村向特色小镇的转型（图3）（高璟 等，2019；陈水映 等，2020）、广东省连南瑶族自治县南岗古排的村落转型与复兴（孙荣垆，2020）、广东连州市畔水村落重构与振兴（蒙涓 等，2018）、贵州省黔东南州郎德上寨社区参与的民族旅游（盖媛瑾 等，2019），发达城市周边的乡村绅士化（卢松 等，2019）等。当然保护利用中也存在一些问题，如开发利用与保护对立、缺乏资金、人口空心化、缺乏发展活力、过度迎合商业、文化遗产地外部不经济等。

对不同类型村落的深入研究正在持续推进。邹君等（2020a，2020b）的研究表明，旅游型、工贸型和务工型传统村落的脆弱性存在较大差别；旅游型传统村落活态性好于城镇化型和传统型村落。目前，对环城游憩背景下大都市区或城市边缘传统村落的研究集中于对空间形态的分析和保护利用方式的探讨，如有学者提出了整体性保护、主动式城镇化途径、基于文化复兴的策略、营造空间活力（图4）等（叶步云 等，2012；宋玢 等，2015；吴永发 等，2018；李婧 等，2019；李学渊 等，2020），还凝练出传统村落的四种文化振兴路径：旅游示范型、文化创意型、保护储备型、主题民宿型（何艳冰 等，2020）。整体来看，对此类村落中旅游与文化再生产、地方性与地方意义重构的微观作用机制尚不明晰。

2.3 启示

传统村落的过去、现在和未来，已逐渐成为全球化时代所有乡村社会中文化景观的核心问题。不同学科对传统村落的价值、形态、演化、保护与利用等重要问题已进行了多角度研究,积累了较为丰富的案例和理论成果,逐步成为一个问题导向型的跨学科研究领域。传统村落正在发生什么?谁将拥有村落的明天?谁将"生活"在村落中?对其未来进行思考,笔者认为可在以下三个方面有进一步的推进和突破。

首先,融合多学科研究理论与方法进行跨学科视角下的理论与模式建构。单一学科视角受限于学科语言、思维视角和研究方法,需要更多学科间的理论对话和知识整合,形成具有广泛解释力的分析框架。正如本文提出的,可借用人类学"再地方化"概念工具,以文化地理学"地方"理论为基础,重点挖掘地方文化的独特性(周尚意 等,2011),借用社会学场域、资本、惯习和符号的文化再生产理论视角(布迪厄,1997),研究旅游影响下传统村落再地方化过程。目前,传统村落再地方化的概念内涵仍不清晰,再地方化是地方意义重塑和地方认同重建的过程,并通过一定符号化的物体或事件表征出来,如某种饮食、某种节庆活动、某种新生文化景观。而且要回答诸多问题,如旅游如何影响再地方化?再地方化作为一种变化过程如何表征?

第二,有针对性地深入探讨传统村落的分类保护。城镇化大背景下传统村落存续面临挑战,应从

图3 袁家村　　　　　　　　　　　　　　　　　　　　　　　　　　　　　　　　　　图片来源:由袁家村提供

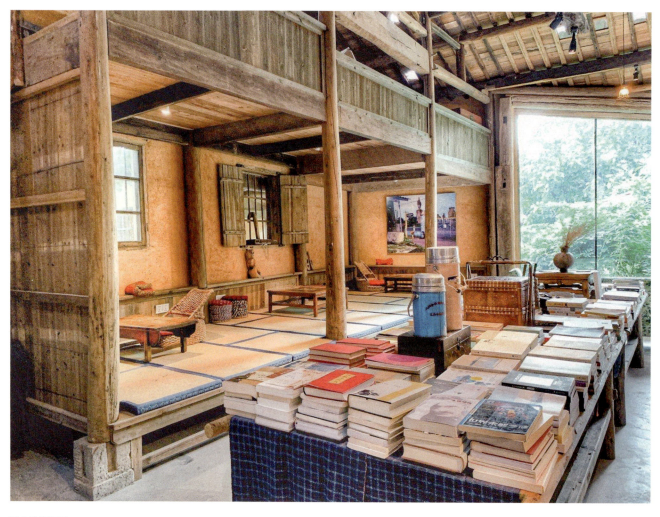

图4 猪栏酒吧　　　　　　　　　　　　　　　　　　　　　　　　　　　　　　　　　　　　图片来源：猪栏酒吧提供

系统性视角研究传统村落的可持续发展，明确区域特点、主体和客体，针对重大实践难题提出有针对性的对策，构建合理有效、基于区域、多类型的保护与利用模式。目前，虽然地域性角度的个案研究成果不少，但区域研究不平衡，以区域性视角进行的区域内部整体性的中观研究还待深入。本文重点讨论了环大都市区的传统村落，该类村落受扰动和胁迫最强，城乡交换动力十足，这部分村落利用潜力最大，保护难度也大。

第三，坚持关注村落保护与文化传承主体及其诉求。用历史动态的眼光明确价值判断：作为遗产，传统村落保护的核心要义不在于村落搬迁、旅游景点的新建，而在于尊重地方传统文化与乡土知识，提升民众和地方利益主体的自我保护意识，唤醒文化自觉；此外还需兼顾民众的日常生活和地方情感，协调好保护与利用的关系。那些基于地方空间和文化的创造者，那些"生于斯，长于斯，奋斗于斯，充盈于斯"的当地人的认同立场，或许可以成为空间优化的重要参证（郭文 等，2020）。方法上可以人文主义研究范式为主，以多样化研究范式作补充。再地方化是重构地方认同和地方意义的过程，需关注不同行动者在传统村落作为遗产的国家语境和日常生活的民生双重语境下的不同感知。

3 未来研究价值

首先，对环大都市区传统村落的持续关注，可以以区域类型视角丰富传统村落保护与利用的理论体系。中国传统村落数量庞大，地域分布不均衡，未来研究有待更全面深入地展开，研究不同自然文化环境下不同类型的村落，提出有针对性的保护与利用理论。

其次，引入再地方化概念，可以丰富文化地理学和旅游地理学地方研究的视角和理论体系。目前，地方理论体系中的若干概念多基于国外学者的研究成果，国内学者已分别对地方性、地方感、地方认同等进行了研究。未来需要结合中国乡土社会的实际特征，通过引入再地方化概念并深化其内涵，挖掘适用于解释传统村落的地方理论体系和分析框架，探明旅游影响下传统村落再地方化的规律与机制，贡献于本土化的地方理论体系发展。

2019年9月16日，习总书记在河南新县田铺乡田铺大塆考察时指出："搞乡村振兴，不是说都大拆大建，而是要把这些别具风格的传统村落改造好，要实现生活设施便利化、现代化，能够洗上热水澡，村容村貌要整洁优美。"遗产与地方的互动关系，是遗产意义生产和共创的实现基础。环大都市区传统村落的保护和发展也是城镇化的重要内容之一，它不是城镇化的对立面，而是二者的有机融合。在做好保护的前提下，赋能村落发展，提升当地居民的文化认同，让传统焕发生机，更好地绽放时代魅力。因此，针对环大都市区传统村落，以再地方化作为理论工具，未来可围绕传统村落如何再地方化的机制这一问题，探明传统村落如何重塑自身地方意义的规律，探讨保护前提下如何使其以新的社会经济功能维持良好的社区人口结构、融入区域整体发展与规划，探索如何构建地方认同从而获得新发展活力的保护利用途径。这有助于为乡村振兴实践中传统村落保护利用、可持续发展、重拾文化自觉自信提供指引。

参考文献

艾少伟，李娟，段小微，2013. 城市回族社区的地方性：基于开封东大寺回族社区地方依恋研究[J]. 人文地理，28（6）：22－28，97.

白凯，胡宪洋，吕洋洋，等，2017. 丽江古城慢活地方性的呈现与形成[J]. 地理学报，72（6）：1104－1117.

布迪厄，1997. 文化资本与社会炼金术：布迪厄访谈录[M]. 包亚明，译. 上海：上海人民出版社：150.

蔡晓梅，何瀚林，2013. 城市星级酒店的"无地方性"思考[J]. 旅游学刊，28（3）：8－9.

陈水映，梁学成，余东丰，等，2020. 传统村落向旅游特色小镇转型的驱动因素研究：以陕西袁家村为例[J]. 旅游学刊，35（7）：73－85.

陈志文，胡希军，叶向阳，等，2020. 中国传统村落有机体生长内在逻辑研究[J]. 经济地理，40（11）：225－232.

戴俊骋，周尚意，2015. 历史层累视角下的地方形成机制探讨：以北京东高村镇为例[J]. 人文地理，30（5）：16－21.

党宁，吴必虎，俞沁慧，2017. 1970—2015年上海环城游憩带时空演变与动力机制研究[J]. 旅游学刊，32（11）：81－94.

翟洲燕，李同昇，常芳，等，2017. 传统村落文化对城乡一体化的统筹性响应机理[J]. 人文地理，32（4）：30－36.

范可，2005. "再地方化"与象征资本：一个闽南回族社区近年来的若干建筑表现[J]. 开放时代（2）：43－61.

范晓君，徐红罡，2020. 旅游驱动的再地方化：地方视角下工业遗产保护与利用的创新路径[J]. 旅游论坛，13（2）：17－27.

冯广圣，2014. "去地方化"与"再地方化"：乡村旅游传播对村庄社区文化的影响：基于桂东南L村的田野调查[J]. 新闻界（23）：17－21.

盖媛瑾，陈志永，2019. 传统村落公共文化空间与景区化发展中的资源凭借：以黔东南郎德上寨"招龙节"为例[J]. 黑龙江民族丛刊（1）：48－57.

高璟，胡峥，赵之枫，2019. 传统村落就地旅游城镇化的可持续路径：以陕西袁家村为例[J]. 自然与文化遗产研究，4（12）：26－32.

高璟，吴必虎，赵之枫，2020. 基于文化地理学视角的传统村落旅游活化可持续路径模型建构[J]. 地域研究与开发，39（4）：73－78.

高权，钱俊希，2016. "情感转向"视角下地方性重构研究：以广州猎德村为例[J]. 人文地理，31（4）：33－41.

郭文，朱竑，2020. 旅游空间生产的叠写与认同[J]. 旅游学刊，35（11）：1－3.

何瀚林，蔡晓梅，2014. 国外无地方与非地方研究进展与启示[J]. 人文地理，29（6）：47－52，31.

何艳冰，张彤，熊冬梅，2020. 传统村落文化价值评价及差异化振兴路径：以河南省焦作市为例[J]. 经济地理，40（10）：230－239.

宦震丹，2014. 旅游视角下古码头地方性构成与塑造[D]. 大连：东北财经大学.

解芳芳，孙洁，刘风豹，2020. 社区营造进程中的乡村地方性建构特征与机制：以台湾中和社区为例[J]. 热带地理，40（6）：1039－1050.

李婧，彭竞仪，刘雅萌，2019. 基于文化复兴的超大城市边缘区传统村落振兴策略研究：以北京市延庆区榆林堡村为例[J]. 城市住宅，26（3）：38－44.

李学渊，邹巧玲，洪月菁，等，2020. 基于共生理论的城市边缘区传统村落保护发展路径研究：以福州林浦、阳岐、螺洲为例[J]. 安徽农学通报，26

（14）：24-25，63.

李一溪，张荷，冯健，2017. 北京市老城区菜市场的地方性及其机制研究[J]. 人文地理，32（6）：65-71，103.

刘沛林，刘春腊，邓运员，等，2010. 中国传统聚落景观区划及景观基因识别要素研究[J]. 地理学报，65（12）：1496-1506.

刘婷，2020. 旅游空间再造与传统村落的文化适应研究：云南省怒江州百花岭村的研究案例[J]. 贵州民族研究，41（9）：48-56.

卢松，张海，饶小芳，2019. 西方乡村绅士化研究进展[J]. 人文地理，34（3）：1-6.

鲁可荣，胡凤娇，2016. 传统村落的综合多元性价值解析及其活态传承[J]. 福建论坛（人文社会科学版）（12）：115-122.

马东艳，2020. 文化原真性、地方依恋与旅游支持度的关系：基于民族旅游村寨居民视角的实证研究[J]. 社会科学家（7）：51-56.

马腾，郑耀星，王淑芳，等，2018. 乡村旅游开发对地方性的影响及其机制研究[J]. 世界地理研究，27（3）：143-155.

蒙涓，邓敏，2018. 新型城镇化下的传统村落"美丽重构"与"振兴"：基于广东连州市畔水村的案例[J]. 农业经济（12）：43-45.

钱俊希，2013. 地方性研究的理论视角及其对旅游研究的启示[J]. 旅游学刊，28（3）：5-7.

宋玢，赵卿，王莉莉，2015. 城市边缘区传统村落空间的整体性保护方法：以富平县莲湖村为例[J]. 城市发展研究，22（6）：118-124.

孙九霞，2017. 传统村落：理论内涵与发展路径[J]. 旅游学刊，32（1）：1-3.

孙九霞，刘相军，2014. 地方性知识视角下的传统文化传承与自然环境保护研究：以雨崩藏族旅游村寨为例[J]. 中南民族大学学报（人文社会科学版），34（6）：71-77.

孙九霞，马涛，2012. 旅游发展中族群文化的"再地方化"与"去地方化"：以丽江纳西族义尚社区为例[J]. 广西民族大学学报（哲学社会科学版）（4）：60-67.

孙九霞，吴传龙，凌玲，2018. 旅游地特色饮食的地方化：丽江三文鱼的生产与消费[J]. 南开管理评论，21（2）：182-191.

孙九霞，周一，2015. 遗产旅游地居民的地方认同："碉乡"符号、记忆与空间[J]. 地理研究，34（12）：2381-2394.

孙荣垆，2020. 传统村落旅游开发模式演变：以南岗古排"复兴"为例[J]. 广西民族大学学报（哲学社会科学版），42（1）：100-106.

唐文跃，2007. 地方感研究进展及研究框架[J]. 旅游学刊（11）：70-77.

陶慧，麻国庆，冉非小，等，2019. 基于H-I-S视角下传统村落分类与发展模式研究：以邯郸市为例[J]. 旅游学刊，34（11）：82-95.

汪芳，徐璐，孙瑞敏，2016. 村庄规划的地方性构建与乡村旅游研究：以第一批全国规划示范村庄为例[J]. 住区（5）：120-124.

王欣，2019. 西双版纳城市化进程中的"再地方化"实践与族群关系[J]. 原生态民族文化学刊，11（6）：51-58.

魏雷，钱俊希，朱竑，2015. 旅游发展语境中的地方性生产：以泸沽湖为例[J]. 华南师范大学学报（社会科学版）（2）：99-109，190-191.

吴必虎，2016. 基于乡村旅游的传统村落保护与活化[J]. 社会科学家（2）：7-9.

吴必虎，2017. 基于城乡社会交换的第二住宅制度与乡村旅游发展[J]. 旅游学刊，32（7）：6-9.

吴永发，章心怡，廖再毅，2018. 城市边缘传统村落的空间活力营造：以加拿大于人村为例[J]. 中国名城（9）：78-84.

杨槿，徐辰，朱竑，2020. 本土产业发展视角下的乡村地方性重构：基于阳美玉器产业的文化经济地理分析[J]. 地理科学，40（3）：374-382.

叶步云，戴琳，陈燕燕，2012. 城市边缘区传统村落"主动式"城镇化复兴之路[J]. 规划师，28（10）：67-71.

叶超，塔娜，2020. 重建地方：人文地理与GIS结合研究的路径[J]. 地理科学进展，39（8）：1249-1259.

周尚意，2017. 四层一体：发掘传统乡村地方性的方法[J]. 旅游学刊，32（1）：6-7.

周尚意，戴俊骋，2014. 文化地理学概念、理论的逻辑关系之分析：以"学科树"分析近年中国大陆文化地理学进展[J]. 地理学报，69（10）：1521-1532.

周尚意，唐顺英，戴俊骋，2011. "地方"概念对人文地理学各分支意义的辨识[J]. 人文地理，26（6）：10-13.

朱竑，刘博，2011. 地方感、地方依恋与地方认同等概念的辨析及研究启示[J]. 华南师范大学学报（自然科学版）（1）：1-8.

朱竑，钱俊希，陈晓亮，2010. 地方与认同：欧美人文地理学对地方的再认识[J]. 人文地理，25（6）：1-6.

邹君，陈菌，黄文容，等，2020a. 传统村落活态性定量评价研究[J]. 地理科学，40（6）：908-917.

邹君，刘媛，刘沛林，2020b. 不同类型传统村落脆弱性比较研究[J]. 人文地理，35（4）：56-63，120.

AGNEW J, 1987. Place and politics: the geographical mediation of state and society [M]. Boston: Allen and Unwin.

BURNS P, NOVELLI M, 2008. Tourism and mobilities: local global connections [M]. Wallingford: CABI.

HEYMAN J, 1994. Changes in house construction materials in border Mexico: four research propositions about commoditization [J]. Human organization, 53 (2): 132-142.

HULTMAN J, HALL C M, 2012. Tourism place-making: governance of locality in Sweden [J]. Annals of tourism research, 39 (2): 547-570.

HOLLINSHEAD K, ATELJEVIC I, et al., 2009. Worldmaking agency-worldmaking authority: the sovereign constitutive role of tourism [J]. Tourism geographies, 11 (4): 427-443.

MARC Augé, 1995. Non-places: introduction

to an anthropology of supermodernity [M]. Translated by John Howe. London, New York: Verso.

QUILLEY S, 2011. Resilience through relocalization: ecocultures of transition? Transition to a post-carbon, postconsumer society: new, traditional and alternative ways of living in the "adjacent possible" [R]. Ecocultures (Working Paper No. 2012-1). University of Essex, UK.

RELPH E, 1976. Place and placelessness [M]. London: Pion.

SHARPLEY R, 1994. Tourism, tourist and society [M]. Huntingdon: Elm Publications.

STANSFIED C A, 1985. Tourism: economic, physical and social impacts [J]. Annals of tourism research, 12(2): 267-268.

THOMAS P, 1998. Conspicuous construction: houses, consumption and 'relocalization' in Manambondro, Southeast Madagas [J]. Journal of the royal anthropological institute, 4(3): 425-446.

WASYLYCIA-LEIS J, 2016. Celebrating community: local music festivals and sustainable relocalization in Southern Manitoba [D]. Waterloo, Ontario, Canada: Master's Thesis, University of Waterloo.

WRIGHT J, TERRAE I, 1947. The place of imagination in geography [J]. Annals of the association of American Geographers (37): 1-15.

TUAN Y F, 1977. Space and place: the perspective of experience [M]. Minneapolis: University of Minnesota Press.

旅游者红色文化遗产感知的保护行为意愿影响研究：以社会记忆唤醒和地方依恋为中介作用

The Mediating Role of Social Memory Arousal and Place Attachment in The Development of Tourist-protecting Behavioral Intentions

文/李 睿 王 芳

【摘 要】

本研究以唤醒理论为基础，以社会记忆唤醒和地方依恋为中介，探究了旅游者红色文化遗产感知的保护行为意愿作用机制。研究结果表明：①旅游者红色文化遗产感知对其社会记忆唤醒存在显著的正向影响，旅游者红色文化遗产感知对其地方依恋存在显著的正向影响；旅游者红色文化遗产感知对其保护行为意愿存在显著的正向影响；旅游者社会记忆唤醒对其地方依恋存在显著的正向影响；旅游者社会记忆唤醒对其保护行为意愿存在显著的正向影响；旅游者地方依恋对其保护行为意愿存在显著的正向影响；②旅游者社会记忆唤醒在红色文化遗产感知与地方依恋之间存在部分中介效应，旅游者地方依恋在社会记忆唤醒与保护行为及意愿之间存在部分中介效应。该研究丰富了环境心理学中唤醒理论的内容，拓展了社会记忆理论的研究范畴，同时提出红色文化遗产旅游发展的保护对策。

【关键词】

红色文化遗产感知；社会记忆唤醒；地方依恋；保护行为意愿

【作者简介】

李 睿 华侨大学旅游学院本科生

王 芳 通讯作者，华侨大学旅游学院副教授

1 绪论

2021年是中国共产党百年华诞，回望百年历史，红色文化遗产记录着中国人民和中国共产党的初心与使命、苦难与辉煌、奋进与担当；立足新时代要求，红色文化遗产的创新发展已成为巩固社会主义思想的文化阵地、促进文化旅游业高质量发展的有效路径，红色文化遗产对旅游者有重要社会教育价值。但当前红色文化遗产研究多侧重于资源开发与保护，较少从对旅游者保护行为意愿方面进行考虑；多从城市微观空间层面研究地方依恋，以社会记忆的宏观视角为切入点的研究也较少。

近年来，"记忆"一词频繁出现在大众视野。萨宾·马沙尔（Sabine Marschall）认为记忆研究为旅游者旅游动机、东道主态度以及地方吸引力组合的多样化选择提供了新的研究亮点（王欣欣，2018）。杰弗里·奥利克（Jeffery Olick，1999）提出运用"社会记忆"一词开展具有社会属性的记忆研究。记忆和地方共同构成了现代身份认同的大部分背景，旅游地的历史人物、历史事件、文物建筑都可以被视为认同感、归属感下社会记忆的载体，旅游一定程度上成为一种传承社会记忆的新媒介，不同记忆主体特有的旅游导向、内心意愿和希望激发其对旅游地的出游意愿，进而特殊的记忆场所能满足人们生理、心理和文化方面的需求。社会记忆是地方依恋形成的重要因素。根据唤醒理论，旅游者的保护行为及意愿受到红色文化遗产旅游地的环境刺激后，通过在该旅游地的游览及活动体验，其社会记忆被唤醒，产生地方依恋，进而有保护行为及意愿。

本研究以中国共产党成立100周年及新时代新成就国家记忆工程为研究背景；选取全国著名红色文化遗产地遵义会议会址景点为案例地（图1），对到访旅游者进行调研；结合社会记忆理论和唤醒理论等，从红色文化遗产感知、社会记忆唤醒、地方依恋以及保护行为意愿4个维度构建概念模型，探究旅游者对红色文化遗产保护行为意愿的作用机制，以期增强旅游者对红色文化遗产的认同度，推动旅游者的保护行为意愿，促进红色文化遗产地可持续地保护与传承。

2 理论基础及文献综述

2.1 唤醒理论

作为环境心理学的重要理论之一，唤醒理论被广泛运用于阐述环境与个体行为之间的关系。梅拉比安和罗素（Mehrabian & Russell）基于刺激理论提出了唤醒理论，假设如下：个体在环境中产生的行为的内容与形式，很大程度上与其情绪如何被激发有关。情绪是个体在环境中产生的主观体验和心理变化，情绪由强度和形式两种属性构成，环境中的各种刺激把个体唤醒，导致其情绪发生变化。个体对环境产生的情绪强度由唤醒水平决定，对环境产生的情绪形式由个体对环境认知和评价的好坏决定，外界环境一定的唤醒水平和个体对环境的认知与评价共同决定情绪状态，情

图1 贵州遵义会议会址　　　　　　　　　　**图片来源：摄图网**

绪状态将影响个体在环境中的行为（Mehrabian et al., 1974）。

根据上述观点，红色文化遗产地环境的刺激对个体行为的影响遵循"环境—情绪—行为"模式，即红色文化遗产地的环境刺激会提高个体的唤醒水平，影响个体对环境的认知和评价，进而决定个体的情绪状态，影响个体在环境中的行为。因此，红色文化遗产地的环境刺激，即景区中各种情境要素，会影响个体在环境中的行为。

2.2 社会记忆相关研究进展

国外社会记忆的相关概念涉及莫里斯·哈布瓦克斯（Maurice Halbwachs, 2002）提出的"集体记忆"；卡罗琳·温特（Caroline Winter, 2009）认为旅游业可以帮助旅游者更好地理解第一次世界大战的记忆，而且旅游机制能够参与创造、延续"一战"记忆的过程。克里斯托弗（Christopher, 2018）认为集体记忆是基于共同身份的群体对过去的共享，其形成受认知和情感因素影响，是在人类之间或与文化文物互动的背景下发生的，且被塑造并传播。保罗·康纳顿（Paul Connerton, 2000）将族群认同、历史想象、国家权力、社会建构等问题与记忆研究相关联，进行研究。社会记忆传递促进世代对事物产生同样的认同感。盖尔·艾瑞里（Gal Ariely, 2019）考察了国庆日影响国民身份和集体记忆的前提，发现以色列的大屠杀日影响着民族认同和集体记忆，并凸显了民族认同、集体记忆和国庆之间关系的多面性。

近年来，国内学者开始引用社会记忆理论。吕龙等（2019）基于文化记忆和地方感构建居民和旅游者对乡村文化记忆空间的感知模型。秦素粉等（2019）指出重庆古镇承载着巴渝地区民族、码头、移民、抗战等方面的文化记忆，深入挖掘整理以"水"为意象的古镇文化的本真记忆，利用现代化科技手段展现水文化记忆，有利于传承历史文脉。徐克帅（2016）介绍了符号系统和社会记忆构建过程的相关理论，构建了红色旅游目的地记忆符号系统。胡继冬（2018）揭示了选择、解释和再现红色记忆符号可以引导人们在现实的基础上获得精神体验，促进红色文化的社会记忆建构。刘燕（2019）认为革命纪念馆（图2）是传承革命文化的重要载体，它利用口述历史、文物藏品、纪念仪式等丰富的记忆样态，通过多维度构筑社会记忆体系唤起与重塑社会记忆，充分发挥、强化社会记忆，促进认同等。虽然国内外对社会记忆的研究内容丰富且角度不同，但对红色文化遗产社会记忆感知与唤醒的研究相对较少。

2.3 地方依恋相关研究进展

地方依恋是测量人对目的地感情的地理学概念，是影响旅游者对旅游目的地的感知、评价以及行为意向的重要因素。地方依恋由"恋地情结"和"地方感"发展演化而来。威廉斯（Williams, 1989）等提出地方依恋是指一个人对一个地方所产生的依赖感。摩尔（Moore）和格雷夫（Graefe, 1994）认为是个人对一个地方的认同和评价。吉琳（Gieryn, 2000）认为地方依恋是人与地方之间在

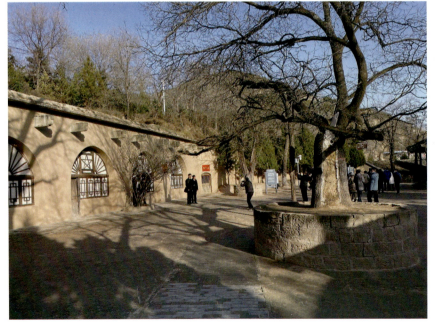

图2 延安革命纪念馆　　　　　　　　　　　　　　　图片来源：由姜丽黎提供

感情、认知和实践之间的一种联系。黄向、保继刚首次将场所依赖理论引入国内，白凯（2010）将地方依恋视为由于长期的需要和利用，人们对某一特定的活动场所产生了依赖，因而对该地的地理、历史文化产生感情。华红莲等（2016）从遗产保护视角说明地方感不止应关注个人主观层面的地方感知，对于当地固有的自然、社区以及人们与这些特征之间的地方感也应考虑。综上所述，地方依恋主要是人对地方所产生的一种情感联系，这种情感是基于人对某个目的地的认同和依赖。红色文化遗产与地方依恋的关系值得进一步探讨。

2.4 红色文化遗产相关研究进展

红色文化遗产是一种特殊类型的遗产，《2011—2015年全国红色旅游发展规划纲要》中指出要尽快建立"红色文化遗产"保护体系，但其中并没有对红色文化遗产的概念做出明确的界定。魏子元（2020）对红色文化遗产的相关概念与类型进行了阐述。国内学者对红色文化遗产的研究主要集中在开发与保护、价值、数字化及空间展示等领域。谷秋琳等（2021）从艺术介入视角，探究了城市红色文化遗产地场所空间更新策略。王婕等（2018）对红色文化遗产的保护与开发进行了研究。唐培等（2017）以井冈山红色文化遗产为例，对其社会教育效果进行了测评。禹玉环（2014）以遵义市为例，对红色文化遗产保护进行了探讨。国外对红色文化遗产的认知与国内不同，其对应的相似概念是战争遗产，如波兰、日本、美国等都为本国战争遗产的保护与利用做出了努力。虽然国内对红色文化遗产的研究涉及领域已较为广泛，但对红色文化遗产与社会记忆唤醒以及地方依恋关系等方面的探究仍然较少。

3 研究假设与模型构建

3.1 旅游者红色文化遗产感知与其社会记忆唤醒的影响关系

旅游者在旅游过程中，在对红色文化遗产感知的基础上，通过参与旅游景区提供的相应活动，其社会记忆被唤醒。李海建等（2019）通过研究淮海战役红色文化社会记忆与唤醒路径，发现唤醒与社会记忆存在影响关系。基于此，本研究提出假设：

H1：旅游者红色文化遗产感知影响其社会记忆的唤醒。

3.2 旅游者红色文化遗产感知与其地方依恋的影响关系

地方依恋是影响旅游者对旅游目的地感知的重要因素。徐虹等（2020）通过研究气味景观感知对乡村地方依恋的影响机制，发现乡村气味景观感知显著地正向影响旅游者地方依恋。基于此，本研究提出假设：

H2：旅游者红色文化遗产感知对其地方依恋存在显著影响。

3.3 旅游者红色文化遗产感知与其保护行为意愿的影响关系

物质要素与非物质要素是红色文化遗产地社会记忆的载体，是旅游者红色文化遗产感知的主要内容。曹月娟（2020）通过研究红色文化旅游中旅游者的服务质量感知对其行为意愿的影响，发现红色文化旅游景区的基础设施和配套服务均对旅游者的服务质量感知有显著正向影响。基于此，本研究提出假设：

H3：旅游者红色文化遗产感知对其保护行为意愿存在显著影响。

3.4 旅游者社会记忆唤醒与其地方依恋的影响关系

旅游者参与体验旅游景区相应的记忆唤醒活动后，对红色文化遗产的社会记忆得到唤醒，其根据刺激程度的不同，产生不同程度的认同与依赖，从而反过来影响其保护行为及意愿。基于此，本研究提出假设：

H4：旅游者社会记忆唤醒与其地方依恋存在显著影响。

3.5 旅游者社会记忆唤醒与其保护行为意愿的影响关系

同上，旅游者对红色文化遗产的社会记忆得到唤醒，也会对保护行为及意愿有所影响。李海建等（2019）通过研究淮海战役红色文化社会记忆与唤醒路径，发现唤醒与社会记忆存在影响关系。基于此，本研究提出假设：

H5：旅游者社会记忆唤醒影响其保护行为及意愿。

3.6 旅游者地方依恋与其保护行为意愿的影响关系

张茜等（2020）通过研究地方依恋对森林旅游旅游者亲环境行为的调节效应，发现地方依恋对旅游者亲环境行为产生影响。基于此，本研究提出假设：

H6：旅游者地方依恋对其保护行为意愿存在显著影响。

3.7 旅游者社会记忆唤醒在红色文化遗产感知与地方依恋之间的影响关系

旅游者在旅游体验过程中，通过参与景区相应的旅游活动，记忆得到唤醒，从而达到由感知到行为的深化。李志飞等（2018）通过研究文化旅游地集体记忆对旅游者地方依恋的作用机理，发现旅游体验活动对旅游者红色文化遗产感知和地方依恋产生影响。基于此，本研究提出假设：

H7：旅游者记忆唤醒在红色文化遗产感知与保护行为及意愿之间存在中介效应。

3.8 旅游者地方依恋在社会记忆唤醒与保护行为意愿之间的影响关系

根据"认知—情感—行为"理论，可以获知情感作为中介变量，调节着认知和行为。李万莲等（2021）通过研究旅游视频形象感知、地方依恋与出游意向关系，发现地方依恋对旅游形象感知和出游意象产生影响。基于此，本研究提出假设：

H8：旅游者地方依恋在社会记忆唤醒与保护行为意愿之间存在中介效应。

3.9 模型构建

在以上理论假设基础上提出本研究理论框架模型（图3）。

4 研究设计与验证假设

4.1 研究样本

遵义会议会址是著名的红色文化遗产旅游地之一。研究数据来源于正在游览遵义会议会址的旅游者以及曾经去过遵义会议会址旅游的旅游者，调研时间为2021年1—4月。研究以不同代际旅游者为对象，因疫情的特殊形势及景区要求，采用扫描二维码填写问卷与线上收集问卷相结合的方式，共收集到有效问卷738份，其中60后样本136份、70后样本153份、80后样本151份、90后样本151份、00后样本147份。样本描述性统计分析如表1所示。

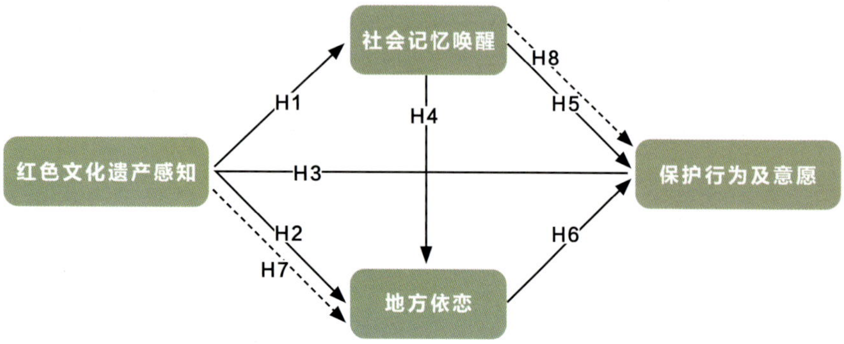

图3 研究理论模型

4.2 量表来源

研究所采用的量表来源于已有的成熟量表，以保证其有效性。研究中自变量和因变量均采用1~7级李克特量表。红色文化遗产感知维度采用李志飞等（2018）的文化旅游地集体记忆感知量表，包括物质要素和非物质要素，共8个题项。社会记忆唤醒维度借鉴李海建（2019）等的对淮海战役红色文化社会记忆与唤醒的路径，共4个题项。地方依恋借鉴张茜等（2020）的地方依恋量表，包含地方依赖感和地方认同感，共8个题项。保护行为意愿维度借鉴唐培等（2017）保护意愿量表和肖琦（2020）的保护行为量表，共8个题项。另外，还包括性别、代际、月收入、地区、政治面貌、文化程度、职业、旅游频率、游览次数以及熟悉程度等人口统计学变量。

4.3 信效度检验

检验研究假设前，首先对问卷进行信效度检验。基于调研数据，研究采用SPSS22.0软件对变量进行探索性因子分析，经检验，红色文化遗产感知、社会记忆唤醒、地方依恋以及保护行为及意愿四个维度的克隆巴赫系数（Cronbach's alpha）系数分别为0.974、0.953、0.973、0.977，均大于0.7，说明各变量选用的量表信度良好。同时，验证性因子分析表明，红色文化遗产感知、社会记忆唤醒、地方依恋以及保护行为及意愿变量的组合信度（composite reliability，简称CR）为0.95~0.98，均大于0.60，说明所用量表信度较高。根据验证性因子分析（confirmatory factor analysis，

表1 有效样本结构描述

调查内容	类别	人数	比例/%	调查内容	类别	人数	比例/%
性别	男	376	50.95	职业	军人	4	0.54
	女	362	49.05		在校学生	251	34.01
代际	60后	136	18.43		专业技术人员	70	9.49
	70后	153	20.73		自由职业者	81	10.98
	80后	151	20.46		离退休人员	78	10.57
	90后	151	20.46		其他	22	2.98
	00后	147	19.92	月收入	1999元及以下	228	30.89
来源地	遵义市	273	36.99		2000~4999元	191	25.88
	贵州省其他城市	158	21.41		5000~7999元	191	25.88
	省外境外	307	41.6		8000~9999元	74	10.03
政治面貌	普通群众	403	54.61		10000元以上	54	7.32
	共青团员	180	24.39	旅游频率	极少旅游	299	40.51
	预备党员	40	5.42		偶尔旅游	325	44.04
	党员	75	10.16		经常旅游	99	13.41
	其他	40	5.42		频繁旅游	15	2.03
文化程度	高中及以下	231	31.3	到遵义会议会址的次数	1次	469	63.55
	本科或大专	468	63.41		2~3次	190	25.75
	硕士及以上	39	5.28		4次及以上	79	10.7
职业	企业职员、政府公务员	30	4.07	对遵义会议会址的熟悉程度	很熟悉	117	15.85
	教育科研人员	51	6.91		一般	420	56.91
	个体经营者	151	20.46		不熟悉	201	27.24

简称CFA)效度检测结果,每个CFA因子荷载都大于0.75,表明测量项有较高的聚敛效度;用平均变异抽取量(average variances extracted,简称AVE)测量区别效度,潜变量均大于0.5,因此各变量基本具有较好的区别效度(表2)。研究进一步对变量的相关系数进行了分析,结果表明,各核心变量之间在$P=0.01$的显著水平上均存在相关关系,符合理论预期。总体上,问卷数据具有较好的信度和效度水平。

4.4 假设检验

4.4.1 直接关系检验

根据线性回归分析(表3),在95%的置信区间下,F和t检验表明各回归方程的线性关系和回归方程系数均显著,具体影响关系为:①红色文化遗产感知($\beta=0.949$,$P<0.001$,$R^2=0.901$)对旅游者社会记忆唤醒产生显著的正向影响。因此,假设H1得到支持。②红色文化遗产感知($\beta=0.947$,$P<0.001$,$R^2=0.897$)对旅游者地方依恋产生显著的正向影响。因此,假设H2得到支持。③红色文化遗产感知($\beta=0.964$,$P<0.001$,$R^2=0.929$)对旅游者保护行为意愿产生显著的正向影响。因此,假设H3得到完全

表2 描述性统计和验证性因子分析(CFA)

维度	测量题项	均值 M	信度 Cronbach's α	组合信度	效度 因子载荷	平均变异抽取量
红色文化遗产感知	遵义会议会址遗留有文物和遗迹遗址	5.134	0.974	0.975	0.751	0.630
	遵义会议会址有充满红色气息的建筑	5.008			0.82	
	遵义会议会址有传播红色文化的基础设施	5.176			0.832	
	遵义会议会址有安排红色旅游的线路	5.108			0.833	
	遵义会议会址纪念活动丰富	5.019			0.834	
	遵义会议会址学习活动多	5.112			0.834	
	遵义会议会址周边唱红歌人很多	4.917			0.812	
	遵义会议会址历史文化气息浓厚	5.051			0.861	
社会记忆唤醒	参观游览遵义会议会址让我产生回忆	4.991	0.953	0.953	0.795	0.668
	观看收听相关历史影像节目让我产生回忆	4.831			0.851	
	阅读学习相关的文学作品让我产生回忆	5.122			0.829	
	参与祭奠缅怀活动、征文活动、摄影活动等红色旅游活动让我产生回忆	5.012			0.837	
地方依恋	我认为遵义会议会址很特别,让我十分向往	5.108	0.973	0.975	0.783	0.713
	遵义会议会址的旅游设施比其他类似景区更能满足我的需求	4.812			0.801	
	我喜欢遵义会议会址的旅游环境胜过其他类似景区	4.885			0.82	
	来遵义会议会址旅游比到其他地方旅游对我更重要	4.851			0.794	
	我对遵义会议会址有强烈的认同感	5.011			0.841	
	来遵义会议会址旅游对我而言很有意义	5.049			0.848	
	我对遵义会议会址有强烈的归属感	4.967			0.831	
	我对遵义会议会址有份特殊的情感	4.976			0.831	
保护行为及意愿	这次参观游览增强了我学习红色文化遗产保护知识的意愿	5.108	0.977	0.980	0.818	0.728
	这次参观游览增强了我参与红色文化遗产保护宣传的意愿	4.898			0.851	
	这次参观游览增强了我制止红色文化遗产破坏行为的意愿	5.108			0.853	
	这次参观游览增强了我遵守红色文物保护法律法规的意愿	5.108			0.856	
	我会向身边的人传递遵义会议的精神和文化	5.026			0.822	
	我会参与关于遵义会议会址的维护活动	5.093			0.847	
	我会制止和举报破坏红色文化遗产的行为和活动	5.095			0.864	
	我会遵照政策要求来对红色文化遗产进行维护	5.075			0.848	

表3 模型的路径分析

假设路径	β	F	标准误差（SE）	t	P	95%置信区间（CI）	
						下限（LLCI）	上限（ULCI）
H1：红色文化遗产感知→社会记忆唤醒	0.949	6692.591	0.012	81.808	0	0.929	0.975
H2：红色文化遗产感知→地方依恋	0.947	6412.597	0.011	80.079	0	0.896	0.941
H3：红色文化遗产感知→保护行为意愿	0.964	9657.531	0.009	98.273	0	0.913	0.950
H4：社会记忆唤醒→地方依恋	0.949	6697.258	0.011	81.837	0	0.895	0.939
H5：社会记忆唤醒→保护行为意愿	0.938	5404.772	0.012	73.517	0	0.879	0.927
H6：地方依恋→保护行为意愿	0.962	9203.942	0.010	95.937	0	0.939	0.978

支持。④社会记忆唤醒（$\beta=0.949$，$P<0.001$，$R2=0.901$）对旅游者地方依恋产生显著的正向影响关系。因此，假设H4得到支持。⑤社会记忆唤醒（$\beta=0.938$，$P<0.001$，$R2=0.880$）对旅游者保护行为意愿产生显著的正向影响。因此，假设H5得到支持。⑥地方依恋（$\beta=0.962$，$P<0.001$，$R2=0.926$）对旅游者保护行为意愿产生显著的正向影响。因此，假设H6得到支持。

4.4.2 中介效应检验

如表4所示，社会记忆唤醒在红色文化遗产感知和旅游者地方依恋之间的间接效应为0.490，置信区间为（0.375,0.558），假设H7得到支持。由回归分析（表3）得到通过红色文化遗产感知产生社会记忆唤醒的直接效应为（$\beta=0.949$，$P<0.001$），置信区间为（0.929,0.975），可见社会记忆唤醒通过旅游者红色文化遗产感知对旅游者地方依恋的直接效应是显著的。因此，社会记忆唤醒通过旅游者红色文化遗产感知对旅游者地方依恋的影响是部分通过中介作用实现的。即社会记忆唤醒在旅游者红色文化遗产感知与旅游者地方依恋之间存在中介效应，假设H7得到完全支持。

再如表4所示，地方依恋在社会记忆唤醒和旅游者保护行为意愿之间的间接效应为0.772，置信区间为（0.555,0.815），可见旅游者社会记忆唤醒通过地方依恋对旅游者保护行为意愿的影响成立，因此，假设H8得到完全支持。由回归分析（表3）得到通过红色文化遗产感知产生社会记忆唤醒的直接效应为（$\beta=0.949$，$P<0.001$），置信区间为（0.895,0.939），可见旅游者地方依恋通过旅游者社会记忆唤醒对旅游者保护行为意愿的直接效应是显著的。因此，地方依恋通过旅游者社会记忆唤醒对旅游者保护行为意愿的影响是部分通过中介作用实现的。即地方依恋在旅游者社会记忆唤醒与旅游者保护行为意愿之间存在中介效应，假设H8得到完全支持。

5 结论与讨论

5.1 研究结论

本研究以社会记忆唤醒和地方依恋为中介变量，构建了旅游者红色文化遗产感知对其保护行为及意愿影响的关系模型，并以遵义会议会址作为案例进行了实证检验，研究结果见表5：①旅游者红色文化遗产感知对其社会记忆唤醒存在显著的正向影响，②旅游者红色文化遗产感知对其地方依恋存在显著的正向影响，③旅游者红色文化遗产感知对其保护行为意愿存在显著的正向影响，④旅游者社会记忆唤醒对其地方依恋存在显著的正向影响，⑤旅游者社会记忆唤醒对其保护行为意愿存在显著的正向影响，⑥旅游者地方依恋对其保护行为意愿存在显著的正向影响，⑦旅游者社会记忆唤醒在红色文化遗产感知与地方依恋之间存在部分中介效应，⑧旅游者地方依恋在社会记忆唤醒与保护行为意愿之间存在部分中介效应。

表4 社会记忆唤醒与地方依恋的中介效应分析

假设路径	β	标准误差（SE）	P	95% 置信区间（CI）下限（LLCI）	95% 置信区间（CI）上限（ULCI）	判定结果
H7：红色文化遗产感知→社会记忆唤醒→地方依恋	0.490	0.032	0	0.375	0.558	部分中介
H8：社会记忆唤醒→地方依恋→保护行为意愿	0.722	0.03	0	0.555	0.815	部分中介

表5 假设分析结果验证表

序号	假设	结论
H1	旅游者红色文化遗产感知对其社会记忆唤醒存在显著影响	成立
H2	旅游者红色文化遗产感知对其地方依恋存在显著影响	成立
H3	旅游者红色文化遗产感知对其保护行为及意愿存在显著影响	成立
H4	旅游者社会记忆唤醒对其地方依恋存在显著影响	成立
H5	旅游者社会记忆唤醒对其保护行为及意愿存在显著影响	成立
H6	旅游者地方依恋对其保护行为意愿存在显著影响	成立
H7	旅游者记忆唤醒在红色文化遗产感知与地方依恋之间存在部分中介效应	成立
H8	旅游者地方依恋在社会记忆唤醒与保护行为及意愿之间存在部分中介效应	成立

5.2 理论贡献

本研究探究了社会记忆唤醒与地方依恋对旅游者红色文化遗产感知与旅游者保护行为及意愿的影响，并对红色文化遗产、社会记忆唤醒、地方依恋以及唤醒理论等进行了理论扩展、分析和验证。通过研究验证了红色文化遗产感知对旅游者关于红色文化遗产地的保护行为及意愿有显著影响，社会记忆唤醒在红色文化遗产感知与社会记忆唤醒之间发挥着中介作用；验证了地方依恋在社会记忆唤醒和保护行为意愿之间有中介效应。研究的分析验证为提升遵义会议会址的未来发展与规划提供了借鉴意义。

5.3 策略建议

在旅游中，旅游者主动或被动地接触到社会记忆载体，不同旅游主体对同一旅游地的社会记忆存在差别性认知，这些认知差异导致旅游者在对红色文化遗产地方依恋与保护行为等方面存在差异，可以采取有效途径增强旅游者的认同和依赖情绪，以强化旅游者的保护行为及意愿。

5.3.1 政府管理建议

意识形态工作是红色旅游的核心。世界正处于百年未有之大变局，随着经济进一步全球化，多种政治、经济、文化形态相互碰撞，不断融合。在这种大环境下，尤为需要具有吸引力的红色旅游活动来帮助青年群体和广大民众认识到中国共产党的先进性，认识到社会主义制度的先进性，进而坚定道路自信、理论自信、制度自信、文化自信，提高青年人的思想政治觉悟，维护国家意识形态安全。因此要求充分发挥政府和红色旅游目的地的协调作用，合力淡化红色旅游资源的经济属性，更多体现其公益性。

5.3.2 旅游目的地管理建议

首先，增强红色文化遗产地感知要素的类型。根据红色文化遗产感知分类，目前景区应着重加强非物质要素及其丰富度，吸引旅游者更好地感知。其次，增加景区的社会记忆唤醒途径。景区应补充相应活动，如老兵讲述、长征体验及宣讲活动等；景区还应着力提升各项旅游体验活动的深度，着力提升旅游者在景区游览后对红色文化遗产地的认同感甚至对红色文化的认同和依赖感。最后，积极宣传关于红色文化遗产的保护政策及法律要求，鼓励和调动不同政治面貌的旅游者积极参与到红色文化遗产的保护中来。

5.3.3 旅游者管理建议

60后对于红色文化的认同较高，同时也愿意参与各种保护活动，于他们而言，需要做的是宣传和弘扬，让红色文化代代相传；70后和80后应加强对红色文化的学习，学习红色文化革命精神，增强对红色文化的认同感；对于90后和00后而言，则需要引导他们积极参加红色文化的相关活动，切身践行和传承优秀的红色文化，让红色文化遗产地发挥更大的价值与作用。

5.4 不足与展望

本研究以唤醒理论为基础，探究了旅游者红色文化遗产感知的保护行为意愿作用机制。本研究的局限有：首先，本研究以唤醒理论为基础，将社会记忆理论和唤醒理论融合运用于旅游领域，今后还有待更多实证研究。其次，本研究将红色文化遗产感知维度划分为物质要素和非物质要素两个维度，但未能进行深入探讨，后续可分别进行研究，以进一步明晰其作用机制。最后，探究旅游者红色文化遗产感知的保护行为意愿作用机制，以社会记忆唤醒和地方依恋为中介，未来研究还可以考虑不同代际的调节作用，以及对红色文化遗产熟悉度的调节作用等多种调节变量，进一步丰富研究内容。

基金资助

厦门市人文社科基地调研课题赞助项目（项目编号：厦社科研[2021]B30号）

参考文献

康纳顿，2000. 社会如何记忆[M]. 纳日碧力戈，译. 上海：上海人民出版社.

哈布瓦赫，2002. 论集体记忆[M]. 毕然，郭金华，译. 上海：上海人民出版社.

曹月娟，2020. 红色文化旅游游客服务质量感知对行为意愿的影响研究[J]. 旅游科学，34（3）：9.

谷秋琳，蔺宝钢，2021. 艺术介入视角下城市红色文化遗产地展示的场所空间更新策略：以陕北为例[J]. 城市发展研究，28（2）：15-20.

华红莲，周尚意，角媛梅，等，2016. 哈尼梯田遗产地居民地方感与梯田保护态度的关系[J]. 热带地理，36（4）：532-538.

胡继冬，2018. 论红色文化的社会记忆建构：基于符号学的视角[J]. 广西社会科学（2）：179-183.

刘燕，2019. 社会记忆视角下革命纪念馆对革命文化的传承研究[J]. 学术期刊（1）：173-176.

李志飞，聂心怡，2018. 文化旅游地集体记忆对游客地方依恋的作用机理：以乌镇、平遥古城和凤凰古城为例[J]. 地域研究与开发，37（6）：95-100.

李万莲，冯林燕，张胜武，等，2021. 旅游视频形象感知、地方依恋与出游意向关系研究[J]. 湖北文理学院学报，42（2）：28-34.

李海建，陈绍娟，秦岩，等，2019. 淮海战役红色文化社会记忆与唤醒路径[J]. 江苏师范大学学报（自然科学版），37（4）：12-14.

吕龙，吴悠，等，2019."主客"对乡村文化记忆空间的感知维度及影响效应：以苏州金庭镇为例[J]. 人文地理，34（5）：69-84.

秦素粉，李将将，2019. 重庆古镇水文化历史记忆发掘[J]. 三峡论坛（6）：6-13.

唐培，张国超，2017. 文化遗产社会教育效果测评研究：以井冈山红色文化遗产为例[J]. 井冈山大学学报（社会科学版），38（1）：24-31.

魏子元，2020. 红色文化遗产的相关概念与类型[J]. 中国文物科学研究（1）：12-16.

王婕，王晨阳，2018. 红色文化遗产的保护与开发研究分析[J]. 世纪桥（11）：60-61.

王欣欣，2018. 名家讲坛之Sabine Marschall：记忆、怀旧与乡村旅游[EB/OL]. (2018-05-26). http://www.360doc.com/content/18/0526/03/28516453_757077463.shtml.

徐虹，周泽鲲，2020. 气味景观感知对乡村地方依恋的影响机制研究：兼论怀旧的中介作用[J]. 人文地理（4）：48-55.

徐克帅，2016. 红色旅游和社会记忆[J]. 旅游学刊，3（31）：35-42.

肖琦，2020. 旅游地居民非物质文化遗产文化认同对保护行为的影响研究：以东莞市莞香文化为例[D]. 泉州：华侨大学.

禹玉环，2014. 红色文化遗产保护探讨：以遵义市为例[J]. 山西档案（2）：79-81.

张茜，杨东旭，李思逸，等，2020. 地方依恋对森林旅游游客亲环境行为的调节效应[J]. 中南林业科技大学学报，40（8）：165-172.

ARIELY G, 2019. National days, national identity, and collective memory: exploring the impact of holocaust day in Israel[J]. Political psychology, 40(6): 1391-1406.

CHRISTOPHER J H, 2018. Political psychology: a social psychological approach[M]. New York: John Wiley & Sons, Ltd.

GIERYN T F, 2000. A space for place in sociology[J]. Annual review of sociology, 26: 463-496.

MOORE R L, GRAEFE A R, 1994. Attachments to recreation settings: the case of rail-trail users[J]. Leisure science, 16(1): 17-31.

MEHRABIAN A, RUSSELL J A, 1974. An approach to environmental psychology[M]. Cambridge: The MIT Press.

OLICK J K, 1999. Collective memory: the two cultures[J]. Sociological theory, 17(3): 333-348.

WINTER C, 2009. Tourism, social memory and the great war[J]. Annals of tourism research, 36(4): 607-626.

WILLIAMS D R, ROGGENBUCK J W, 1989. Measuring place attachment: some preliminary results[C]. Sessionon outdoor planning and management, 10: 20-22.

乡村文化记忆的在地活化实践：青普人文度假

Revitalizing the Cultural Memory of Villages: A Case Study of Tsingpu Retreat

文 / 宫琳娜　李俏云　高　璟

【摘　要】

近年来，随着乡村旅游需求从观光型向体验型转变，乡村旅游产品也开始由中国传统的"农家乐"迭代升级，涌现了大批高品质民宿和精品酒店，乡村文化度假产品成为新的旅游业态，带动了乡村产业振兴和在地文化传承。乡村文化度假产品的核心是文化体验，是融入了地方文化、地方餐饮、地方非遗等一系列记忆要素的综合体。乡村记忆以这种文化体验为载体毫无保留地被展示和传播，并唤起地方居民和游客对自身记忆的感知。本文以国内人文度假生活方式提供商——青普旗下在营度假产品为例，讲述其如何通过改造传统民居或部分新建建筑，来完成对地方乡村记忆的完美展示与传承。

【关键词】

乡村记忆；文化度假；社区营造；认同

【作者简介】

宫琳娜　青普旅游文化有限公司副总裁
李俏云　青普旅游文化有限公司品牌总监
高　璟　北京工业大学城市建设学部城乡规划系讲师

注：本文图片除标注外均由青普旅游文化有限公司提供。

1 引言

中国乡村存在大量的文化遗产，它们是中华传统文化和民族认同的源泉。但在实际乡村遗产保护中，有形的物质遗产往往更易引起人们的关注，无形的文化和记忆则随着时间的消逝与人们擦肩而过。如何在乡村遗产保护中留住断裂的文化记忆正成为乡村发展的难题，也是乡村振兴战略中文化振兴的重要一环。不可否认，在城乡融合的背景下，旅游能够促进乡村记忆传承、乡村文化复兴和重构，除了有利于地方文化保护、利用和传承外，更有利于增强当地居民的身份认同，乡村记忆具有时间、空间、文化和情感等属性（吕龙 等，2018）。总之，近年来旅游与乡村文化记忆结合的研究已经引起了广泛关注（吕龙 等，2021）。

乡村文化记忆可以理解为是不同历史时期在乡村积累下来，渗透在居民日常生活、景观、场所和行为方式上的集体无意识存在，它附着在口述、文献、碑文、家谱、老照片、杂记、景观、建筑物、文物、工艺、礼仪、节庆等载体上（何方，2020）。"在地化"原本是指相对于全球化而来的一种潮流，今天已频繁出现在建筑学、民俗学和传播学等领域的研究中。有学者将"在地化"等同于"本地化"，指"将某一事物转换成符合本地特定要求的过程"（万建中，2017），何方（2020）认为"文化记忆在地化"就是通过叙述、命名、形象展示和空间建构等把历史文献、传记故事、传统技艺等文化遗存中的"记忆"激活，落在乡村的场所、景观，乃至一石一木中，从而创造性地塑造成一种地方精神、在地形象、乡土情结、乡村景观，形成独特的"地方"概念。这一理念对于旅游在乡村遗产保护中的实践有很好的现实指导意义。

当前，有学者认为对乡村文化有三种处理方式：一是以"收藏"为核心导向的各类博物馆，如各种村史馆、民俗馆、非遗馆、乡贤馆等；二是以一种标准化的方式被移植到不同乡村日常生活中的，脱离地方社会结构与生活情境的"送戏下乡"，如舞龙庙会、民俗节庆等文化内容复制品；三是乡村建筑的脸谱化，如采用统一的徽派风格、统一的店招，以及各种仿古建筑群、仿古小镇、仿古老街、水泥古树、仿制牌坊等（何方，2020）。以上三种方式并没有很好地挖掘和重塑乡村地方的文化记忆。实际上，乡村文化记忆首先需要通过挖掘、梳理、解读、叙事等激活，然后依托特定的空间场所，进行景观化的"书写"，通过新的话语构建新的空间景观和人文传统。近年来，中国的乡村遗产酒店示范项目就是对乡村文化记忆在地化的积极探索，通过挖掘地方文化要素，通过有创意的设计理念，找到乡村新的生存与生活方式。其中，青普旗下位于福建的南靖土楼青普文化行馆（图1）入选了前两批示范项目。青普旗下的文化行馆产品系列以打造乡村文化体验度假为核心，一直在推动国内乡村记忆在地化实践。因此，本文以青普文化行馆实践为案例，期望为未来旅游助力乡村遗产保护、留住乡村记忆提供借鉴。

图1 福建南靖土楼青普文化行馆院内环境

2 回到原初的青普——定位、选址及旅游开发理念

"青普"名字的来源,是西藏拉萨东南部的青普山,青普山是藏传佛教的几个重要发源地之一,而"青普"就是藏语中回到原初的意思。北京青普旅游文化有限公司以"回到原初"为价值观,定位既不是民宿也不是酒店,而是以"住宿"体验为核心的高品质在地文化体验中心。青普无论从建筑、设计、场景,还是行馆的硬件设施,都比民宿略胜一筹,至少是四星级酒店以上的标配。但如果从酒店这个元素来看,青普售卖的并不是简单的床位,而是能够实现人文度假生活方式的"度假产品包",包括食宿、在地艺文体验、与非遗老师的互动以及在某个特定场景下购买文化产品。

青普在景观绝美之地选址、建造和经营格调优雅的度假居住空间,在空间内提供地方特色美食、在地艺术及文化体验、各领域名家文化导师及度假者之间的社群交流互动;同时在自身空间目的地之外,将度假场景与人文主题相结合(图2),为度假者设计并提供独特的差异化的人文主题之旅,倡导身心回归原初的人文度假生活方式。

青普对文化行馆的选址是有企业自身独特标准的。首先,选址处须承载本地独特的历史文化,是地方个性的代表,便于后期开发相应的在地文化体验产品。其次,选址处还须拥有或毗邻优美的自然风景,给人赏心悦目的视觉体验。以上两点资源须凝聚当地的精华和精品,同时旅游产品开发走高端、精品路线。从"扬州运河、客家土楼、苏州园林、八达岭长城、丽江白沙"等行馆的选址来看,世界自然或文化遗产成为青普旅游产品开发的首选之地,截至2022年5月,青普全国在营10家度假产品,均在世界遗产地和国家公园。以"世遗"作为支点,呈现自然景观的壮美以及在地的生活方式。当然,真正的产品开发过程并不是一帆风顺的,以福建南靖土楼文化行馆的开发为例,该处行馆以南靖塔下村为载体。塔下村历史悠久、文化底蕴深厚,先后于2003年、2018年入选第二批福建省历史文化名村、第七批中国历史文化名村的名录,其中有5栋土楼还被纳入核心保护范围。但村落的乡村社会与传统物质空间关系出现变异,表现在:一方面,土楼原本是一种防御性的集体式住宅,其私密性、舒适性和设施配备均无法满足现代生活需要,加之产权复杂,造成了人居分离;另一方面,伴随着城市化进程,塔下村大量青壮年劳力脱离故土、背井离乡,向外谋求生计与发展,从而改变了传统聚落固有的人地依存状态(许为一等,2021)。如何在此背景下再生和活化古村落,是乡村文旅开发面临的首要难题。青普通过调查、访谈调和原住民意愿,帮助农民实现身份转型,挖掘农民的基本技能,结合岗位导向,进行职业化的培训;制定了历史建筑保护和改造方案,依据文化定位,借助设计创意,调整土楼适应性,植入新功能;持续吸引文创工作者、在地技艺匠人、乡土文化爱好者等各类新社区成员加盟,最终实现了传统乡村的活化再生。

3 以文化行馆为载体的在地化旅游产品打造

"文化行馆"这个产品是青普独创的,青普在文化度假产品打造上以文化行馆系列为主要载体,实

图2 福建南靖土楼青普文化行馆休闲空间

图3 青普扬州瘦西湖文化行馆

现了对传统乡村文化的活化利用。青普的文化行馆主要建在中国自然景观和人文景观俱佳的世界遗产地、自然文化地，希望打造沉浸式的度假体验空间，给用户一种既有在地文化特色，又具有现代品质服务的生活方式。

依托不同地区的传统文化资源，目前在营10家度假产品，分别是：晋江梧林（一个百年的原生态村落式建筑博物馆）、南靖土楼（唯一一座由5栋百年土楼改建而成的文化行馆）、苏州木渎（雅趣千载，艺文复兴）、怀来八达岭瑞云（离北京最近的人文酒庄）、黄山秀里（有着中原文化的儒雅风范，山越文化的刚毅气质，依山傍水的小桃园）、丽江白沙（东巴古建筑风格别院，过古朴纳西生活）、扬州瘦西湖（120万块老砖交叠出最宜人居度假空间）、广西桂林（桂林山水的静谧之地）、江西婺源（自然田园乡村的闲适生活）、海南万宁（冲浪主题的度假胜地）。2021年底启动鼓浪屿文化行馆项目。

青普每个文化行馆结合度假、艺文体验和精选臻品，深度挖掘地方传统文化要素，在融合传统旅游"吃住行游购娱"六要素的基础上，融入周边社区，打造了以"住宿"体验为核心的新式乡村度假模式。下文以扬州瘦西湖、南靖土楼和晋江梧林文化为例，介绍青普行馆的设计、运营及文化旅游产品打造。

3.1 青普扬州瘦西湖文化行馆

青普扬州瘦西湖文化行馆由如恩设计研究室设计，对原有的部分老建筑进行了适应性再利用，赋予其新的功能，同时增加新的建筑以满足酒店的容量需求（郭锡恩 等，2018）。整个建筑以扬州传统四合院为灵感，120多万块青砖拼砌成一个硕大的长方体外形，建筑师以竹木和砖石为主（图3），将不同功能的场所统一起来，营造出层叠有序的空间感。室外空间包含户外瑜伽平台、竹园、花园及庭院等公共场域，室内包含20间独立客房、餐厅、手工坊、特色商店、茶室、小剧场、多功能空间等区域。游客可以从建筑设计上感受扬州"绿杨城郭是扬州"的传统园林精华（郑雯馨，2019）。

除了硬件上有"扬州味"，青普团队打造出了一系列足以"自成生趣"的艺文体验。提起扬州，最先想到的就是盐商、瘦西湖，以及很多在扬州留下足迹和诗篇的文人墨客。首先，是以"养心游"为主题的游览体验，诸如"寻迹瘦西湖""庭院深深深几许""禅茶一味"等。其次，是以文化学者沙龙分享为主的"养心坛"。除此之外，艺文体验中最重要的一部分是以扬州传统手作为主的"养心坊"，包含淮扬菜、扬州刺绣、折扇、金石篆刻、嵌丝、漆艺、扬派盆景、扬州清曲、扬剧、广陵琴派等多种体验。通过体验一门在地手艺，或是聆听扬州曾经的故事，理解扬州所蕴含的文化，守住扬州曾经的文化记忆（雷芝，2019）。

3.2 青普南靖土楼文化行馆

青普南靖土楼文化行馆位于福建省漳州市南靖县书洋镇塔下村大坝小组，包含5栋方形土楼，分别名为稻孙楼、文选楼、耀东楼、和源楼、会源楼。塔下村是著名的"太极水乡"所在地，村落内建筑以明清及民国客家土楼为主，沿河而建，均匀分布，形态丰富，整个行馆包含3座清末家族聚居性方形土楼，1座小型民国独栋土楼和1座民国风格3层青砖楼。设计基于改善现有土楼群、展现塔下周边的秀丽旅游风光并结合客家建筑、饮食、养生等文化特色来打造（图4）。行馆保持了原有建筑及场地的空间氛围，保留夯土及木构材料的细节，通过置入新的空间、家具、文化艺术装置等，促成传统文化理念与现代生活方式的和谐交融，从功能上对土楼空间进行重新梳理，合理插入酒店功能。改造不是修旧如旧，也不是守旧如旧，而是根据新的功能要求，结合现代生活的需求进行更新，让传统的老房子重获活力（华黎，2021）。

青普作为"人文度假"生活方式的先行者，每一个行馆都有着深刻的文化主题。土楼行馆的文化主题便是——"他乡故乡，迁徙文化"。不断迁徙，勇于开拓，把异境改造成吾境、把他乡改造成故乡的族群精神，是客家文化世代传承的核心与精髓。在青普塔下文化行馆项目成立之时，青普团队就做了大量在地文脉的梳理工作（枪枪君，2018）。为了尊重本土建筑文化，南靖土楼文化行馆的5栋楼，首层均为公共空间，公共空间与客房的比例基本上为1:1，打造了大量的在地文化特色浸没式场景空间，以便客人在这些特定的主题场景中进行休闲娱乐。会源楼由当年的学堂改造而成，一层有陶艺空间、手作空间、儿童空间、茶室、酒吧；二层有会议空间、品香室、茶室、花艺空间；三层有培训、瑜伽冥想空间。在建筑的内院，有书画展览，客家古物件展览，以及古筝、钢琴、茶艺、手工陶土等文化体验。在青普文化行馆，客人可在馆员的带领下，体验上山采茶、手工古法制茶，并带走一包自己亲手做的茶。此外，还有走访田螺坑、梦影云水谣、渔趣等在地艺文体验（一颗糖豆，2021）。

图4 福建南靖土楼青普文化行馆

图5 晋江梧林文化行馆

3.3 青普晋江梧林文化行馆

晋江梧林文化行馆位于福建省泉州市晋江梧林传统村落，同时，占地155亩（约10.3hm²）的梧林传统村落也由青普运营管理，由青普团队进行闽侨民居古建筑群落的顶层设计规划、运营规划及设计改造，并最终将其打造成了兼具村落、院落、客房、餐厅、茶馆、展览、艺术、论坛等功能的多元的高品质文化旅游度假目的地。2021年春节期间，青普运营的梧林传统村落正式开门亮相，从除夕至元宵节，客流量日均突破3万人次，总人流量超52万，媒体累计曝光超过1000万次。

梧林传统古村落位于福建省泉州市晋江，背靠石鼓山，面朝梧垵溪，是一座拥有600多年历史的古村落。那里古厝与洋楼争辉，建筑史与族群史交织，步入其中，便是步入了一个百年的闽侨文化原生态村落式建筑博物馆。有外墙斑驳的朝东楼、被古榕笼罩的德镕宅、号称九十九门的德养宅、孔雀成双飞的胸怀祖国楼、单身复式公寓的梦菜家声楼、四季连绵不绝的花海、自在缓慢的生活气息……梧林堪称闽南人"以海为田，波澜壮阔"下南洋史的一个完整切片（图5）。梧林青普运营团队围绕"体验"核心，对保留下来的百年建筑群的历史和风格进行梳理后，赋予每栋建筑不同的文化表达。

延续青普文化行馆一贯的选址标准，青普晋江梧林文化行馆位于村落中央。其中，漆厝、文甫厝、德兜宅（图6）、和平祖厝、再取旧厝、怀和旧厝为历史愈百年的闽南传统红砖大厝，优雅明丽的燕尾脊，四水归堂

图6 青普改造后的德兜宅庭院中堂

图7 闽南九龙拼

的合院，饱含民居智慧的明堂暗室，均被保留下来。合院是中式民居的主轴，晴雨两宜，四时皆景，喝茶听雨，静观四时。

根据现代人对居所的要求，设计师对大厝内部做了现代改建，将地域建筑文化与现代设计有机结合，植被选取、洗浴细节等现代元素被提炼，原木、藤编等历史肌理被延伸。红砖老墙也在室内被大面积延伸，完美平衡了人造与自然的关系。容膝居、万安松涛是两栋洋楼，客房沿用了过去的名字。相较古厝，两栋洋楼被处理得极有色彩感，混搭圆润造型和藤编元素，南洋风情十足。

青普晋江梧林文化行馆的餐厅是十几栋建筑里最具有社群属性的公共空间，这里地道风味十足，如闽南九龙拼（图7）、土笋冻、章鱼、芒果酱油、五香卷、炸菜圆子、海蜇头、葱糖卷、沙虫和卤鲟鱼，样样都是当地才能吃到的鲜味。

青普在梧林传统村落设计开发打造出三条不同的文化旅游主题动线，延伸出三个主体文旅场景：意南洋、醉闽南、家国情。从点、线、面运营布局，将梧林打造成一个闽南与华侨文化体验中心。

意南洋：整体包装朝东楼、德鑨楼、侨批馆等20几栋各具特色的南洋古建筑，讲述华侨故事，让游客领略南洋风情、体验南洋文化、品南洋咖啡、尝南洋美食，使其仿若置身于20世纪30年代的梧林洋楼群里，体验归国华侨的生活日常。

醉闽南：串联起德抹宅、德越宅、德鑨宅、德养宅、龚显涛宅、百福墙、蔡氏宗祠等几十个极具闽南建筑风格的古厝，展现闽南建筑魅力，展示闽南宗族文化，并导入多项非物质文化遗产项目的传承与创新。从形、声、闻、味、触五味，构建"活态闽南"慢生活场景。

家国情：主题线路，穿越历史，守望情怀，集中在侨批馆、五层厝、朝东楼、胸怀祖国楼；十户九侨的梧林传统村落里，每一幢楼都有一段可歌可泣的家国故事：扶危济困、捐资兴学、支援抗战、落叶归根……引导游客感悟闽南华侨情系家园、心怀桑梓的家国情怀；体验根植闽南、胸怀世界；诚信和谐、爱拼敢赢的晋江精神，更成为晋江市教育局指定的中小学生研学实践教育基地。

此外，这里还集中了南音、梨园戏、高甲戏、木偶戏、打城戏、歌仔戏等多个剧种。在青普晋江梧林文化行馆，珠连金苍、摹古印金、宋元遗响、移花入室、明心茶会、问古寻音、温陵戏韵、掌上春秋等一门门在地体验，一台台精彩好戏得以推出，依托在地文化，礼聘当地的非遗传承人、手工匠人、艺术家、音乐人等为行馆的文化导师，将闽南深厚的人文魅力悉数推出。

4 结语

审视乡村遗产酒店，有6条标准：①阐释和展示乡村遗产、传承优秀传统文化的核心载体；②对传统村镇、历史建筑的改造、利用的技术、原则、实施途径具有示范性；③代表人文和自然相结合的文化体验方式，符合可持续发展文旅融合模式；④能够推动当地乡村社会经济发展，带动周边产业发展，增加就业机会，促进乡村复兴；⑤能够建立乡村遗产保护管理长效机制，推动多方共同参与；⑥运营、管理方式和理念具有示范性。

通过对以上几处青普文化行馆的介绍,可以看到青普对文化度假产品的打造,首先,是以传统人文胜景为载体和依托,在对传统建筑进行改造的同时十分注重把握地方文脉;其次,其人文度假体验产品的设计是其核心和灵魂。每一处行馆都是在对地方传统文化的充分调查和挖掘的基础上进行新功能的植入和创新。这些是十分符合前三条标准的。

更为难得的是,青普践行乡村社区营造理念,形成了以乡村社区营造为导向的历史建筑与建成环境再生活化路径,尤为符合三条标准。以青普南靖土楼为例,项目提出了从"人、文、地、景、产"5个面向出发,形成了以满足新社区成员的需求为目标,以社区营造为导向的历史建筑与建成环境的再生路径;经过乡村社区的营造,形成由土楼权属人、居住者、运作者、参与者、投资者、消费者共同组成的土楼新社区,土楼的社会认同基础来源于它的历史价值、社会文化和乡土记忆。基于此,共同参与保护、改造、利用,甚至消费,从而以土楼为纽带相互连接,塑造了新社区感。其中,文旅产业培育是土楼更新项目的核心议题,以此吸引各类新社区成员加盟(许为一 等,2021)。

综上,那一抹"故乡的记忆"在青普人文度假产品的设计和打造中实现了保护和活化传承。

参考文献

郭锡恩,胡如珊,2018.青普扬州瘦西湖文化行馆[J].室内设计与装修(6):42-45.

何方,2020.文化记忆在地化:乡村人文地景的"书写":以"青山胡同"文化研究为例[J].新美术,41(11):112-119.

华黎,2021.青普文化行馆·南靖土楼,南靖,福建,中国[J].世界建筑(8):58-63,126.

雷芝,2019.淮左名都,竹西佳处:青普扬州瘦西湖文化行馆[J].广西城镇建设(1):66-71.

吕龙,陈晓艳,2021.乡村文化记忆的场域认知、依恋与传承关系:以苏州金庭镇为例[J].热带地理,41(3):485-494.

吕龙,黄震方,陈晓艳,2018.文化记忆视角下乡村旅游地的文化研究进展及框架构建[J].人文地理,33(2):35-42.

迷舍设计工作室,2021.唤醒老建筑 晋江青普梧林文化行馆[J].室内设计与装修(9):128-134.

枪枪君,2018.青普文化行馆·南靖塔下:人文体验应如是[J].海峡旅游(11):68-73.

万建中,2017.话语转换:地方口头传统的"在地化":以新余毛衣女传说为例[J].贵州民族大学学报(哲学社会科学版)(5):181-188.

许为一,杨昌新,李静波,2021.社区营造理念下历史建筑与建成环境的再生路径:以福建塔下土楼青普文化行馆为例[J].中国园林,37(8):74-79.

一颗糖豆,2021.南靖土楼里的客家风情[J].环球人文地理(7):62-67.

郑雯馨,2019.青普文化行馆·扬州瘦西湖 入此小洞天,寻得扬州梦[J].海峡旅游(5):38-45.

方言对游客地方感的影响研究：以闽南语为例

Dialect, Place, and Tourism: A Case of Hokkien

文 / 杜梦佳　王　芳

【摘　要】

我国方言资源丰富，各地方言是地方文化的鲜明标志，可以作为旅游资源促进当地旅游业发展。本研究以闽南语为例，研究闽南语、旅游涉入、游客地方感和行为意向之间的影响关系。实证检验结果表明：闽南语和旅游涉入对游客地方感有显著正向作用，地方感对游客行为意向有显著正向作用；旅游涉入在闽南语与游客地方感之间有部分中介作用，游客地方感在旅游涉入与游客行为意向之间有部分中介作用。本研究丰富了地方理论和文化语言学理论研究，同时提出方言旅游发展建议：开发方言文化资源，形成旅游体验产品；营造方言文化氛围，增强游客方言旅游涉入；促进方言体验活动，提升游客地方感。

【关键词】

方言；旅游涉入；游客地方感；行为意愿；闽南语

【作者简介】

杜梦佳　西北大学城市与环境学院硕士研究生

王　芳　通讯作者，华侨大学旅游学院副教授

1 前言

中国语言文化十分丰富，方言作为浓郁的地方特色能反映和传承当地文化，体现一个地方的历史变迁和民俗风情，通过了解方言可以对当地的社会发展、民族融合和地理阻隔等产生更深刻的认识，因此，方言是地域文化的鲜明标志，在当地文化记忆传承中有着重要地位。随着社会发展，人类对语言的认识逐渐深入，越来越多的人开始重视语言资源的保护建设和开发利用。我国2015年启动的中国语言资源保护工程，是世界上目前规模最多、涉及范围最广、投入资金最多、参与人员最多的语言资源保护项目，其中方言保护就是该工程的重要任务之一。

随着旅游业的发展及游客需求的转变，文化旅游逐渐成为旅游业发展的新趋势。文化旅游不但强调原有旅游资源文化内涵，而且扩大旅游业的外延，将原来仅仅停留在精神层面的文化内容视作有价值且可开发利用的资源。方言作为一种特殊的文化现象，是地方文化记忆的重要载体，同时，文化动机是旅游者外出旅游的普遍动机之一（罗伯特·麦金托，1983）。旅游作为民众积极参与的精神文化活动，将方言的传承和旅游相结合，既能扩大方言的宣传和推广（图1），又为旅游文化活动带来新的发展点，使两者相互促进、共同发展。因此，方言随着文化旅游的逐渐兴起及人们对语言资源的认识逐渐加深，成为文化旅游开发利用和体验的重要对象。本研究借鉴地方感等理论，尝试构建方言对游客地方感的影响，并以闽南语为例，研究闽南语、旅游涉入、地方感和行为意向四者的关系。虽然目前学术界已有较多关于地方感的理论研究，但其并未被应用到方言资源领域。本文将地方感理论引入方言，进行定量研究，能够丰富旅游领域情感研究的实践应用。

2 理论基础与文献综述

2.1 理论基础

2.1.1 地方理论

19世纪60年代以后，人文主义地理学转向"社会—文化"研究，带动了地方理论兴起。地方理论是从人的感觉、心理、文化、伦理道德等不同角度阐述人与地方之间的复杂关系。20世纪70年代开始，地理学家段义孚进一步把"地方"概念应用于人文地理学的基础理论及其他应用探究（Tuan,1974）。自此以后，以地方理论为基础，地理学中产生了有关地方理论的一系列概念，主要包括地方感、地方依恋、地方认同、地方依赖等。地方理论强调人的主观感受，具体来说，地方理论是以研究对象的感受、情感、思想、社会经验等相关特征为出发点，来解释和认知主体人与地方的相互关系（陈蕴真，2007）。在地方理论中，地方不单是一个地理空间，也是一个可以承担人的主观感情与精神的场所。本研究利用该理论探讨将闽南语作为地方独特的文化要素融入旅游过程后，人与地方可能产生的独特感情，即地方感，并通过研究为闽南语的旅游活化利用提供一些路径。

2.1.2 文化语言学理论

文化语言学是语言学与文化人类学的交叉学科。主要探讨文化、语

图1 福建泉州南音表演　　　　　王芳/摄

言和思维的关系。文化语言学通过语言研究一种文化的过去和将来，认为语言不但蕴含文化，同时也传播文化，促进文化发展。这些观念都昭示了语言的文化属性。方言是独属于地方的文化记忆，是人与地方的情感钥匙。但在现代生活中，出于社会变迁、普通话普及和境外文化交流等原因，方言的发展面临危机（姚峰，2010）。本研究挖掘方言与情感之间的联系，探讨方言在建立游客与地方情感中的作用，促进闽南语的传承利用。

2.2 文献综述与理论假设

2.2.1 方言与地域文化相关研究进展

美国语言学家萨丕尔（Sapir，1921）认为语言不能脱离文化而存在，不能脱离社会继承下来的各种做法和信念的总体。方言是一种语言的地方变体。不同方言在语音、词汇、语法上各有其特点。方言形成主要受人口迁徙、地理条件、社会分化、别族语言等影响（陈国强，1997）。因此，方言的研究通常与地域文化相联系，关于方言及其所蕴含的地域文化的研究数量较为丰富，研究范围广泛。如周振鹤、游汝杰（1986）从整体上阐述了方言的形成原因，讨论了方言研究的方法，并将方言地理研究与人文地理研究相结合。方言与旅游开发相关研究普遍认为方言资源具有很高的旅游开发价值，如杨铭（2012）认为方言是构成旅游地文化形象的要素，对旅游文化形象构建有重要作用。

在个案闽南语方面，相关研究数量较为丰富，主要有市方言志和县方言志、闽南方言研究专著和闽南方言学习教材等；内容主要集中在闽南与地方文化关系研究及闽南语的发展演变方面，如李如龙的《闽南方言地区的语言生活》、陈荣岚的《闽南方言与闽台文化溯源》等。

综上，方言与地域文化紧密相关，开发方言旅游资源对旅游地的发展有正面影响。

2.2.2 旅游涉入相关研究进展

涉入的概念最早在社会心理学的自我涉入概念和社会判断理论中被提及。社会判断理论认为每个人对新事物或新观念的可接受标准不同，原有态度起指导框架的作用，在此基础上形成可接受与拒绝的态度。谢林等（Selin et al., 1988）最早将自我涉入概念引入休闲旅游领域，大部分关于旅游休闲涉入的定义都来自消费者行为研究，将旅游休闲活动涉入定义为一种针对休憩活动的潜在的动机、激活或兴趣状态，由特定的刺激物或情境激发，并具有驱动性（王坤，黄震方 等，2013）。旅游休闲涉入是指个体如何看待旅游休闲活动，并影响个体行为。在旅游涉入的前因研究方面，相关研究较少，哈弗茨等（Havitz et al., 1990）认为，游憩活动或相关旅游产品是旅游涉入的前因，且会引发游客动机、兴趣或激活游客的心理状态。

在旅游业中，休闲活动涉入与地方感之间的关系研究近年来才出现于休闲与旅游文献中（Gross et al., 2008）。许多研究表明，游憩活动涉入是地方感塑造的重要影响因素，如凯尔（Kyle）等以美国阿帕拉契山脉步道的登山客为对象，探讨特定步道活动涉入与游客地方感的关系，研究认为涉入程度与地方依恋之间是有关联的（Kyle et al., 2003）。在旅游涉入的测量方面，研究中已经产生很多成熟量表，如劳伦特等（Laurent et al., 1985）提出的消费涉入量表从重要性、愉悦、象征性、风险性和风险结果5个维度15个题项进行测量。

2.2.3 地方感相关研究进展

地方感作为人文主义地理学的重要概念，既指地方本身具有的特质，也指个体通过对地方的主观了解、感受等描述进而建立起地理知觉、地理认知或地理意象等概念（Gibson, 2008）。斯蒂尔（Steele, 1981）认为，在一定程度上，是人创造了地方，地方感是在人活动过程中与地方相互作用而产生的，离开人地方就不能独立存在。随着旅游的发展，地方感内涵越发丰富，很多与之相关的概念如社区感、地方认同、地方依恋等也得到了较为深入的研究。黄向、保继刚等（2006）将场所依赖理论引进国内，将"场所依赖"理论看作是解释"某些地方与人之间似乎存在着一种特殊的依赖关系"。唐文跃（2007）从对象（objects）、领域（domains）、主题（themes）、目标（goals）四个维度构建了地方感的ODTG研究框架，指出了研究方向与重点是根据不同类型旅游地构建模型、探讨基于地方感的旅游地规划与管理的模型构建。

对国内外地方感维度划分梳理后发现，地方感是一个复杂的多维结构，基于不同研究视角，可将地方感划分为不同的维度。雷夫（Relph, 1976）的地方感因子模型由自然环境、活动、意义和地方精神或地方特

表1 研究假设

对象	假设关系
闽南语和旅游涉入	H1：闽南语对旅游涉入有显著影响
闽南语和地方感	H2a：闽南语对地方依恋有显著影响 H2b：闽南语对地方认同有显著影响 H2c：闽南语对地方依赖有显著影响
旅游涉入和地方感	H3a：旅游涉入对地方依恋有显著影响 H3b：旅游涉入对地方认同有显著影响 H3c：旅游涉入对地方依赖有显著影响
旅游涉入和行为意向	H4：旅游涉入对行为意向有显著影响
地方感和行为意向	H5a：地方依恋对行为意向有显著影响 H5b：地方认同对行为意向有显著影响 H5c：地方依赖对行为意向有显著影响
闽南语、旅游涉入和地方感	H6a：旅游涉入在闽南语和地方依恋之间存在中介效应 H6b：旅游涉入在闽南语和地方认同之间存在中介效应 H6c：旅游涉入在闽南语和地方依赖之间存在中介效应
旅游涉入、地方感和行为意向	H7a：地方依恋在旅游涉入和行为意向之间存在中介效应 H7b：地方认同在旅游涉入和行为意向之间存在中介效应 H7c：地方依赖在旅游涉入和行为意向之间存在中介效应

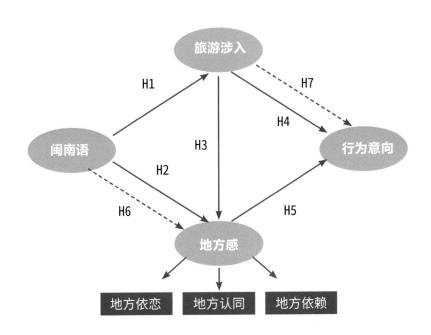

图2 理论模型图

色4个维度构成。当研究城市移民、游客、地产业主、公众等对居住城市、旅游地以及某个项目等的地方感时，更多是划分为地方依恋、地方认同和地方依赖3个维度。

综上，地方感是一个多尺度、广内涵的概念，本研究采用地方感维度构成的主流观念即地方依恋、地方认同和地方依赖3个维度。这里，地方依恋主要指人与地方相互作用在认知上产生的联结。地方认同是指人通过对地方的依恋，获得的一种为生活赋予了意义的归属感。地方依赖是指人与地方的情感联结，认为该地具有不可替代性，可以表现为依赖等情绪。

2.2.4 行为意向相关研究进展

恩格尔（Engle, 1995）提出行为意向来自态度，是对未来可能采取某项行动的主观判断。旅游领域学者较多从口碑宣传和重游意愿两个维度测量游客行为意向。研究表明，人对特定地方的情感性依恋与功能性依赖会影响个体的态度与行为。唐文跃等（2011）以皖南古村落为例，构建结构方程模型，探讨了当地居民地方依恋与其资源保护态度之间的关系，结果显示，地方依恋对居民的资源保护态度有显著正向影响。

2.3 研究假设

根据文献梳理与分析，提出有关闽南语、旅游涉入、地方感和行为意向四者关系的研究假设（表1）。

2.4 模型构建

根据上述假设，提出闽南语、旅游涉入、地方感和行为意向四者之间的关系模型（图2）。

表2 测量题项及来源

变量	测量维度	测量题项	参考来源
闽南语	—	ML1 闽南语的语音语调与众不同 ML2 闽南语体现了当地人的说话方式 ML3 闽南语营造了地方文化氛围 ML4 闽南语展示了地方人文风情 ML5 闽南语是古老悠久的	陈丽君（2012）
旅游涉入	中心性	TI1 我旅游过程中的大部分安排围绕着闽南语体验 TI2 闽南语体验在我的旅游过程中处于中心地位 TI3 其他旅游活动都可以为闽南语体验让步 TI4 我一起旅游的朋友也都参与了闽南语体验 TI5 我非常乐意与朋友谈论闽南语的话题	麦金太尔（McIntyre et al., 1992）；董文珍（2014）等
旅游涉入	愉悦性	TI6 旅游过程中闽南语很吸引我 TI7 旅游过程中的闽南语体验能给我带来很多乐趣 TI8 在旅游过程中体验闽南语文化让我感到满意 TI9 我很享受旅游中的闽南语体验 TI10 旅游过程中闽南语体验是最令我快乐的事	
旅游涉入	象征性	TI11 旅游过程中选择闽南语体验，能反映出我的个人品位 TI12 旅游过程中选择闽南语体验，能反映出我的兴趣、特点 TI13 能够通过一个人是否愿意体验闽南语来评价他 TI2 旅游过程中闽南语体验是一种表达自我的方式 TI2 在旅游过程中，我在意别人对我关注闽南语的看法	
地方感	地方依恋	PA1 在闽南旅游可以让我忘记烦恼 PA2 在闽南旅游能让我远离生活压力 PA3 来闽南地区旅游是我做的最满意的一件事 PA4 如果可以我愿意花更多时间在闽南旅游 PA5 当我不在闽南旅游时我会想念它	多伊奇（Deutsch K, 2013）；莱维茨卡（Lewicka M, 2018）等
地方感	地方认同	PA6 我非常热爱闽南旅游 PA7 闽南旅游对我来说意味着很多 PA8 到闽南旅游对我来说有重大意义 PA9 闽南旅游是我生活中的一部分 PA10 我非常认同闽南旅游	
地方感	地方依赖	PA11 比起其他地方，我更喜欢去闽南旅游 PA12 比起其他地方，闽南旅游让我感到更舒适 PA13 比起其他地方，闽南旅游对我来说更重要 PA14 闽南对我来说是独一无二的旅游地 PA15 没有其他旅游能够代替闽南旅游	
行为意向	重游意愿	BI1 如果有旅游计划，我会优先考虑闽南旅游 BI2 如果有机会，我还会再来闽南旅游	帕拉休拉曼（Parasuraman, 1996）；普片（2015）等
行为意向	推荐意愿	BI3 我会宣传闽南旅游的正面信息 BI4 我会推荐亲友到闽南旅游	

3 研究设计与数据收集

3.1 变量测量

根据梳理的相关研究成果，在成熟测量量表基础上结合实际情况优化量表，形成包含闽南语、旅游涉入、地方感和行为意向四部分的变量测量量表。各问题项的测量均使用7级李克特量表，评判标准从"非常不赞同"到"非常赞同"，共7个等级，相应赋分标准为1~7分（表2）。

3.2 数据收集

3.2.1 问卷的初试及优化

初试问卷通过网络发放，以有闽南旅游经历的旅游者为调查对象，共计回收问卷128份，有效问卷116份，有效回收率为90.6%。使用SPSS 23.0对初试问卷进行信度检验和探索性因子分析。信度检验结果表明，闽南语、旅游涉入、地方感、行为意向4个部分的克隆巴赫系数分别是：0.900、0.910、0.937、0.787，信度得分均大于0.7，说明该问卷具有可靠性。对问卷数据进行探索性因子分析，量表总体KMO值为0.896，闽南语、旅游涉入、地方感、行为意向各部分KMO值分别为0.824、0.870、0.879、0.759，量表整体和各部分KMO值均在0.7以上，适合进行因子分析。运用主成分分析法进行因子分析后，修改了公因子提取值较低的题项，以此为基础形成正式问卷。

3.2.2 正式调研与数据收集

由于疫情，于2020年利用"问卷星"进行网上调查，以曾去过闽南地区旅游的人群为调查对象，共收集问卷556份。对问卷回

表3 人口学特征描述性统计

人口统计特征	分类	频率	百分比 / %
性别	男	217	42.7
	女	291	57.3
年龄	18岁以下	34	6.7
	18~29岁	142	28
	30~39岁	136	26.7
	40~49岁	87	17.1
	50~59岁	74	14.6
	60岁及以上	35	6.9
月收入	1999元及以下	99	19.5
	2000~4999元	153	30.1
	5000~7999元	130	25.6
	8000~9999元	65	12.8
	1000~19999元	42	8.3
	20000元以上	19	3.7
职业	企业职员	104	20.5
	政府公务员	41	8.1
	教育科研人员	40	7.9
	个体经营者	61	12.0
	军人	15	3.0
	在校学生	109	21.5
	专业技术人员	27	5.3
	自由职业者	48	9.5
	离退休人员	35	6.7
	其他	28	5.5
受教育程度	高中或以下	90	17.7
	大专	143	28.1
	本科	199	39.2
	硕士或以上	76	15

表4 验证性因子分析结果

潜变量	观测变量	标准因子载荷系数	平均方差萃取 AVE	组合信度 CR
闽南语	BS1	0.759	0.683	0.915
	BS2	0.846		
	BS3	0.855		
	BS4	0.849		
	BS5	0.810		
旅游涉入	TI16	0.756	0.513	0.758
	TI17	0.658		
	TI18	0.722		
地方依恋	PA1	0.833	0.686	0.868
	PA2	0.851		
	PA4	0.799		
地方认同	PA7	0.824	0.649	0.847
	PA9	0.803		
	PA10	0.789		
地方依赖	PA13	0.753	0.650	0.847
	PA14	0.839		
	PA15	0.816		
行为意向	BI2	0.825	0.674	0.861
	BI3	0.82		
	BI4	0.819		

答时间短、所有题项打分一样的问卷进行筛选，剔除无效问卷48份，剩余有效问卷508份，有效率91.37%。

4 数据分析与模型检验

4.1 样本信息描述性统计分析

问卷中包含的样本人口学特征包括性别、年龄、月收入、职业、受教育程度、旅游经历，具体人口学特征描述性统计结果如表3所示。

为了更全面地了解受访者情况，问卷对受访者的旅游经历、对闽南地区和闽南语的熟悉程度等进行了调查。大部分受访者对闽南地区有一定熟悉度，一般熟悉的人群占60.04%。但是在对闽南语的熟悉程度方面，42.03%的受访者表示完全不熟悉；在能否听懂闽南语方面，46.06%的受访者表示完全听不懂；在是否会讲闽南语方面，56.1%的受访者表示完全不会讲。在是否有机会经常接触闽南语方面，54.53%的受访者表示偶尔接触。当地歌舞、戏曲、宗教活动和节日庆典是大部分受访者接触闽南语的途径。旅游经历方面，偶尔旅游的受访者占53%。各变量的描述性统计分析中，在闽南语方面，各测量题项平均值均在5分以上，评价较高。旅游涉入方面，TI7、TI8和TI9的平均值达到5分以上，TI7、TI8和TI9均属于旅游涉入的愉悦性维度。地方感方面PA10的平均值到达5分以上，即"我非常认同闽南旅游"。行为意向方面，推荐意愿的两个题项平均值达到5分以上。

表5 模型整体拟合度

指标	x^2/df	GFI	RMSEA	CFI	TLI
理性标准	<3	>0.9	<0.10	>0.9	>0.9
分析结果	2.891	0.92	0.061	9.53	0.942

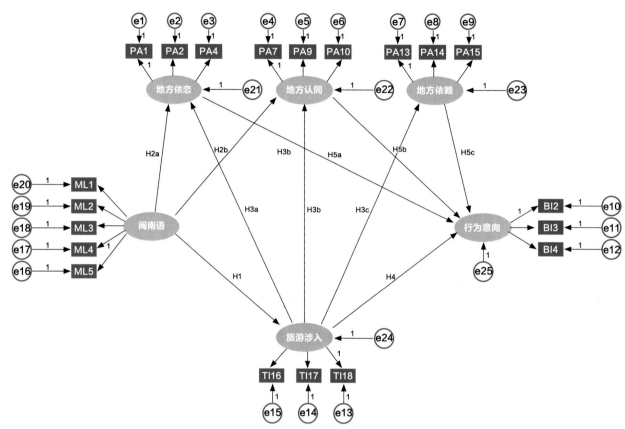

图3 结构方程模型

4.2 信效度检验

信度分析是对量表可靠性的反映，常用克隆巴赫系数表示。对本量表的总体信度的克隆巴赫系数为0.960，各细分变量的信度中，闽南语、旅游涉入、地方感和行为意向的克隆巴赫系数分别是0.913、0.929、0.940、0.865，各部分的克隆巴赫系数为0.865~0.913，均在0.8以上，表明量表具有较好的内部一致性且符合研究要求。

在对量表内容效度分析检测，发现，观测变量PA3、PA5、PA6、PA8、PA11、PA12和BI1与总和之间的相关系数较低，因此删除这些题项，删除后量表的结构效度提高。同时，为了优化模型结构对旅游涉入部分的题项进行打包处理，形成3个新的观测变量。

针对6个潜变量以及20个观测变量进行验证性因子分析，结果如表4所示。由该表可知，所有观测变量的标准因子载荷系数在0.6以上，在0.01显著性水平下呈显著相关。所有潜变量对应的AVE值均大于0.5，且CR值均高于0.7，意味着本次分析数据具有良好的效度。

4.3 结构方程模型构建

结构方程模型适合研究多变量数据，本研究利用AMOS25.0进行结构方程模型的构建和假设检验。一般而言，在进行假设检验前要对模型拟合度进行检验，结果如表5所示，各指标均达到理想标准，模型拟合良好，适用于模型分析。

根据模型假设在AMOS25.0中构建结构方程模型,结果如图3所示。

4.4 结构方程模型的假设检验

通过AMOS的路径检验,可以对模型假设进行检验分析,检验结果如表6所示。

闽南语对旅游涉入的标准化路径系数为0.234（$t=4.364$, $p=0.000<0.05$）,说明闽南语对旅游涉入有显著的正向影响,即H1成立。

闽南语对地方依恋的标准化路径系数为0.389（$t=8.717$, $p=0.000<0.05$）,说明闽南语对地方依恋有显著的正向影响,即H2a成立；闽南语对地方认同的标准化路径系数为0.370（$t=8.092$, $p=0.000<0.05$）,说明闽南语对地方认同有显著的正向影响,即H2b成立；闽南语对地方依赖的标准化路径系数为0.070（$t=1.569$, $p=0.117>0.05$）,说明闽南语对地方依赖的影响不显著,即H2c不成立。

旅游涉入对地方依恋的标准化路径系数为0.549（$t=10.673$, $p=0.000<0.05$）,说明旅游涉入对地方依恋有显著的正向影响,即H3a成立；旅游涉入对地方认同的标准化路径系数为0.555（$t=10.359$, $p=0.000<0.05$）,说明旅游涉入对地方认同有显著的正向影响,即H2b成立；旅游涉入对地方依赖的标准化路径系数为0.666（$t=11.385$, $p=0.000<0.05$）,说明旅游涉入对地方认同有显著的正向影响,即H2c成立。

旅游涉入对行为意向的标准化路径系数为-0.214（$t=-2.475$, $p=0.013<0.05$）,说旅游涉入对行为意向有显著的负向影响,即H4成立。

地方依恋对行为意向的标准化路径系数为0.339（$t=4.458$, $p=0.000<0.05$）,说明地方依恋对行为意向有显著的正向影响,即H5a成立；地方认同对行为意向的标准化路径系数为0.312（$t=3.575$, $p=0.000<0.05$）,说明地方认同对行为意向有显著的正向影响,即H5b成立；地方依赖对行为意向的标准化路径系数为0.206（$t=2.518$, $p=0.012<0.05$）,说明地方认同对行为意向有显著的正向影响,即H5a成立。

以旅游涉入作为中介变量,检验闽南语对地方感的影响；以地方感作为中介变量,检验旅游涉入对行为意

表6 路径检验

假设关系	影响路径	标准化系数	非标准化系数	标准误(S.E.)	T值(C.R.)	显著性(P)
H1	闽南语→旅游涉入	0.234	0.249	0.057	4.364	***
H2a	闽南语→地方依恋	0.389	0.409	0.047	8.717	***
H2b	闽南语→地方认同	0.370	0.390	0.048	8.092	***
H2c	闽南语→地方依赖	0.070	0.087	0.055	1.569	0.117
H3a	旅游涉入→地方依恋	0.549	0.543	0.051	10.673	***
H3b	旅游涉入→地方认同	0.555	0.550	0.053	10.359	***
H3c	旅游涉入→地方依赖	0.666	0.772	0.068	11.385	***
H4	旅游涉入→行为意向	-0.214	-0.221	0.089	-2.475	0.013
H5a	地方依恋→行为意向	0.339	0.354	0.079	4.458	***
H5b	地方认同→行为意向	0.312	0.325	0.091	3.575	***
H5c	地方依赖→行为意向	0.206	0.184	0.073	2.518	0.012

注：*** 表示在 $P<0.001$ 水平下显著相关。

表7 中介效应bootstrap检验（标准化系数）

路径	标准误（S.E.）	效应值	95%置信区间		P
			下限	上限	
H6a：闽南语→旅游涉入→地方依恋	0.128	0.128	0.056	0.203	0.001
H6b：闽南语→旅游涉入→地方认同	0.130	0.130	0.059	0.205	0.001
H6c：闽南语→旅游涉入→地方依赖	0.156	0.156	0.069	0.249	0.001
H7a：旅游涉入→地方依恋→行为意向	0.186	0.186	0.065	0.352	0.005
H7b：旅游涉入→地方认同→行为意向	0.173	0.173	0.012	0.339	0.037
H7c：旅游涉入→地方依赖→行为意向	0.137	0.137	-0.059	0.340	0.159

向的影响，结果如表7所示。

旅游涉入通过闽南语对地方依恋的影响效应值为0.128，置信区间为（0.056，0.203），说明该中介效应显著，即H6a成立；旅游涉入通过闽南语对地方认同的影响效应值为0.130，置信区间为（0.059，0.205），说明该中介效应显著，即H6b成立；旅游涉入通过闽南语对地方依赖的影响效应值为0.156，置信区间为（0.069，0.249），说明该中介效应显著，即H6c成立。

地方依恋通过旅游涉入对行为意向的影响效应值为0.186，置信区间为（0.065，0.352），说明该中介效应显著，即H7a成立；地方认同通过旅游涉入对行为意向的影响效应值为0.173，置信区间为（0.012，0.339），说明该中介效应显著，即H7b成立；地方依赖通过旅游涉入对行为意向的影响效应值为0.137，置信区间为（-0.059，0.340），说明该中介效应不显著，即H7c不成立。

由于闽南语对地方依赖的影响不显著，而旅游涉入通过闽南语对地方依赖的中介效应显著，所以旅游涉入通过闽南语对地方依赖的中介作用是完全中介作用。

4.5 研究假设的检验结果

在上述结构模型分析和检验的基础上，将假设结果汇总，如表8所示。

表8 假设检验结果

假设	结论
H1：闽南语对旅游涉入有显著影响	成立
H2a：闽南语对地方依恋有显著影响	成立
H2b：闽南语对地方认同有显著影响	成立
H2c：闽南语对地方依赖有显著影响	不成立
H3a：旅游涉入对地方依恋有显著影响	成立
H3b：旅游涉入对地方认同有显著影响	成立
H3c：旅游涉入对地方依赖有显著影响	成立
H4：旅游涉入对行为意向有显著影响	成立
H5a：地方依恋对行为意向有显著影响	成立
H5b：地方认同对行为意向有显著影响	成立
H5c：地方依赖对行为意向有显著影响	成立
H6a：旅游涉入在闽南语和地方依恋之间存在中介效应	成立
H6b：旅游涉入在闽南语和地方认同之间存在中介效应	成立
H6c：旅游涉入在闽南语和地方依赖之间存在中介效应	成立
H7a：地方依恋在旅游涉入和行为意向之间存在中介效应	成立
H7b：地方认同在旅游涉入和行为意向之间存在中介效应	成立
H7c：地方依赖在旅游涉入和行为意向之间存在中介效应	不成立

5 研究结论与启示

5.1 研究结论

从假设H1可知，游客对闽南语本身的感受和体验对旅游涉入有显著正向影响。哈弗茨等（Havitz et al., 1990）认为旅游涉入是由游憩活动或其相关产品所引发的个体的动机、激活或兴趣的心理状态。Houston和Rothschild（1978）认为涉入包括两种类型，一种是持久涉入，是指受个人对某一产品或活动执着程度影响产生的相对持久的关注；另一种是情境涉入，是指受特定情境影响，对某一产品或活动产生的短暂性关注。闽南语作为闽南旅游的独特文化要素，是一种特定情境，这一理论印证了游客对闽南语的感受和体验对旅游涉入有显著正向影响。

从假设H2可知，游客对闽南语本身的感受和体验对地方感中的地方依恋和地方认同维度有显著直接影响，对地方感中的地方依赖维度影响不显著。同时由H6可知，旅游涉入在游客对闽南语本身的感受和体验对地方感影响中起到中介作用，其中，对地方依恋和地方认同维度起到部分中介作用，对地方依赖起到完全中介作用。游客通过对闽南语的了解和体验建立起了对闽南地区的地理认知，产生了地方感。从地方依恋角度看，游客可以通过闽南语与闽南地区建立认知上的联结，表现为愿意花更多时间来闽南旅游等。从地方认同角度看，游客通过闽南语对闽南旅游产生了认同感或归属感，表现为认为闽南旅游有独特意义等；从地方依赖角度看，闽南语作为一种情景使游客对闽南旅游产生了更高的关注度和兴趣，从而产生闽南旅游依赖感和不可替代感。总之，游客通过了解和体验闽南语和闽南语文化能对游客地方感产生显著影响。

从假设H3可知，闽南语的旅游涉入对游客地方感的所有维度都有显著的正向影响。关于旅游涉入和地方感的关系，在许多研究中已有验证，本研究以闽南语为例进行实证研究再次为两者之间的关系提供佐证。

从假设H4可知，闽南语的旅游涉入对游客行为意向有显著负向影响。同时由H7a和H7b可知，在闽南语的旅游涉入对游客地方感的影响路径中，地方依恋和地方认同维度起到中介作用。这表明在一定程度上，闽南语的旅游涉入首先影响的是游客的地方感，通过改变游客的地方感进而影响游客的行为意向。地方感是沟通旅游涉入和行为意向的桥梁，如果旅游涉入不能对地方感产生影响，那么它对游客的重游和宣传意向的影响就会削弱。

从假设H5可知，游客地方感对行为意向有显著正向影响。游客地方感不仅在旅游涉入和行为意向中起到中介作用，其对行为意向也有直接影响。本研究以闽南旅游为例，证实了行为意向的产生与个体态度和情感有关，人对特定地方的依恋与依赖会影响个人的行为意向。

综上所述，地方感的前因变量闽南语和旅游涉入对地方感有显著影响，同时旅游涉入在闽南语对地方感的影响中起中介作用。在后果效应上，地方感对行为意向有显著影响。同时，地方感在旅游涉入对行为意向的影响中起中介作用。

5.2 研究启示

5.2.1 开发方言文化资源，形成旅游体验产品

通过研究，发现方言对游客的旅游涉入和地方感都有显著正向影响。普伦蒂斯等（Prentice et al., 1998）认为，游客可能享受最基础的认知性体验，但是更多的游客会更积极地去体验目的地属性中更深层次、更有意义的文化符号特征。因此，开发方言文化资源、形成旅游体验产品，既可以丰富旅游文化内涵，又可以提升游客的地域文化体验感。

以闽南地区为例，闽南语具有古老性、独造性特征。它不仅形成历史悠久，而且还保存了中古汉语和上古汉语的许多特点。虽然闽南地区拥有丰富的方言文化资源，但目前还没有形成足够的旅游影响力，开发和利用度有待提升。在受访者中，56.3%的游客通过地方戏曲或歌曲接触闽南语，这是游客在闽南旅游中接触闽南语的主要途径。因此，进一步重视以闽南语为载体的文化艺术是闽南语旅游开发的重要一步。闽南地区很多景点都设有南音、木偶戏等民俗表演，让游客直观感受到了闽南地区地域民俗文化特色。但是，目前此类民俗表演普遍存在规模小、表演水平参差不齐等问题。打造属于闽南地区自己的民俗表演品牌，形成高质量的旅游体验产品是开发闽南语旅游资源的重点。以方言文化为依托开

发旅游体验产品能为旅游业带来新的增长点，也有利于方言的传承与保护。

5.2.2 营造方言文化氛围，增强游客方言旅游涉入

游客体验闽南语的过程实际上是一个不断唤起游客对闽南历史文化知识记忆的过程，也是对历史场景想象的过程。在游客游览过程中营造方言文化氛围，能增强游客的方言旅游涉入度，不仅能给游客带来更好的游憩体验，而且能促进文化旅游的发展和方言文化的传承。

将方言灵活融入旅游过程中，营造方言无处不在、无时不在的氛围。在听觉方面，可以在公共交通、旅游景点等语言播报中加入方言，使游客在这种氛围中，通过与普通话对照的方式体验方言语调的独特性。在视觉方面，可在景区标识牌、商品商标等方面融入方言元素，符号化的语言极具特色，是营造方言文化氛围、塑造文化形象的重要方式。在受访者中，37.6%的游客通过导游讲解了解认识闽南语，说明通过导游服务营造方言氛围具有可行性。导游能帮助游客更好地游览景点、了解当地文化意蕴和特色。从闽南语中选取能代表地方特色、体现地方民俗的方言词汇和语句融入导游词中，能增强游览趣味性和地域文化亲和性，同时形成记忆点；导游在与游客交流过程中也可以教授游客一些简单的方言日常对话，为游客带来新奇体验。

5.2.3 促进方言体验活动，提升游客地方感

研究发现，游客地方感不但影响游客行为意向，也在旅游涉入对行为意向的影响中有着桥梁作用。地方性特质挖掘不够深入以及对旅游者的主观认知不足，使得许多旅游目的地特色不够鲜明，进而导致旅游者对景区整体感知评价不高而失去重游和宣传意愿（刘春燕，2014）。也就是说，如果能进一步促进方言体验活动，重视游客地方感的提升，游客更可能产生重游行为和宣传行为，因此提出以下几点具体措施。

在方言体验活动的开发规划中应该加强公众参与。通过调研，确定对游客具有特殊意义的文化要素，明确不同主体对这些要素的体验或情感的形成因素，从而使游客产生更强烈的地方感。例如，游客对闽南语所展现的地方文化氛围很感兴趣，就在游览过程中加入闽南语的象征性要素，对地方文化氛围加以表现。

创造具有鲜明地方性的旅游活动。记忆和想象是丰富地方感的中心要素，文化象征意义丰富、具有鲜明地方性的旅游活动容易给游客留下深刻的记忆，从而加深地方感。例如，闽南语古老的语音语调唤起了人们对闽南历史文化的记忆与联想；闽南语吸收众多外来词汇的特征体现了闽南文化深受外来文化和移民文化的多重影响，由此闽南人形成了敢于冒险犯禁、勇于进取和积极开拓的人文精神。

由于地方感在闽南语的旅游涉入对行为意向的影响中起到了中介作用，对闽南语旅游涉入高的人，更容易产生地方感，从而影响其重游和宣传行为。因此，管理者可通过线上线下宣传吸引这些潜在游客。由于在旅游中体验闽南语是这类游客十分感兴趣的活动，也更乐于多次体验和分享旅游经历，吸引这部分游客能为闽南旅游注入更多活力。

基金项目

集美区社科联的集美区社会科学调研课题项目（项目编号：集社科研[2021]17号）

参考文献

陈蕴，2007.浅议地方理论在旅游研究中的应用[J].桂林旅游高等专科学校学报，8(3)：453－456.

陈国强，1997.简明文化人类学词典[M].杭州：浙江人民出版社.

黄向，保继刚，Wall Geoffrey，2006.场所依赖(place attachment)：一种游憩行为现象的研究框架[J].旅游学刊(9)：19－24.

麦金托，1983.旅游的原理、体制和哲学[M].杭州：杭州大学出版社，1983.

刘春燕，周曼诗，曾过生，等，2014.旅游者地方感对旅游者忠诚度的影响研究：以旅游者满意度为中介变量[J].江西师范大学学报（自然科学版），38(2)：217－221.

普片，2015.藏区民宿品牌体验对顾客行为意向的影响研究[D].杭州：浙江大学.

唐文跃，张捷，罗浩，等，2007.九寨沟自然观光地旅游者地方感特征分析[J].地理学报(6)：599－608.

唐文跃，2011.皖南古村落居民地方依恋特征分析：以西递、宏村、南屏为例[J].人文地理，26(3)：51－55.

王坤, 黄震方, 方叶林, 等, 2013. 文化旅游区游客涉入对地方依恋的影响测评[J]. 人文地理, 28(3): 135 – 141.

姚峰, 2010. 全球化时代传统文化的"全球本土化"策略[J]. 福建师范大学学报(哲学社会科学版)(1): 82 – 87.

杨铭, 2012. 方言与旅游地文化形象的感知研究[D]. 长沙: 湖南师范大学.

周振, 游汝杰, 1986. 方言与中国文化[M]. 上海: 上海人民出版社.

EDWARD S, 1921. Language: an introduction to the study of speech[M]. New York: New York Harcourt, Brace and Company.

ENGEL J F, BLACKWELL R D, MINIARD P W, 1995. Consumer behavior[M]. New York: The Dryden.

GIBSON C, 1981. Locating geographies of tourism[J]. Progress in human geography, 2008, 32(3): 407 – 422.

GROSS M J, BROWN G, 2008. An empirical structural model of tourists and place: progressing involvement and place attachment into tourism[J]. Tourism management, 29(6): 1141 – 1151.

HOUSTON M J, ROTHSCHILD M L, 1978. Conceptual and methodological perspectives on involvement, educators proceedings[J]. Research frontiers in marketing dialogues & directionsi, 184(184).

HAVITZ M E, DIMANCHE F, 1990. Propositions for testing the involvement construct in recreational and tourism contexts[J]. Leisure sciences, 12(22): 179 – 195.

KYLE G, GRACEFE A, MANNING R, et al., 2003. An examination of the relationship between leisure activity involvement and place attachment among hikers along the Appalachian trail[J]. Journal of leisure research, 35(3): 249 – 273.

LAURENT G, KAPFERER J N, 1985. Measuring consumer involvement profiles[J]. Journal of marketing research, 22(1): 41 – 53.

MCINTYRE N, PIGRAM J J, 1992. Recreation specialization reexamined: the case of vehicle – based campers[J]. Leisure research, 14(1): 3 – 15.

PRENTICE R, GUERIN S, MCGUGAN S, 1998. Visitor learning at a heritage attraction: a case study of discovery as a media product[J]. Tourism management, 19(1): 5 – 23.

RELPH E, 1976. Place and placelessness[M]. London: Pion Lmilited.

Steel F, 2012. The sense of place[M]. Boston: CBI Publishing.

SELIN S W, HOWARD D R, 1988. Ego involvement and leisure behavior: a conceptual specification[J]. Journal of leisure research, 20(3): 237 – 244.

TUAN Y F. TOPOPHILIA, 1974. A study of environmental perception[M]. Englewood Cliffs, NJ: Prentice – Hall.

民族地区扶贫效应多维感知研究：以新疆和田深度贫困村为例

Study on the Resident Multidimensional Perceptions of Poverty Alleviation in Minority Areas: A Case of Hotan, Xinjiang

文 / 王松茂 郭英之

【摘 要】

本文在对少数民族聚居的贫困地区新疆和田市7个深度贫困村进行调研的基础上，结合多维贫困理论，定性与定量研究贫困居民对扶贫效应的感知，并总结出包括"脱贫机会变化感知""生活环境变化感知""安全感变化感知""受尊重程度变化感知""促进脱贫意识感知"的贫困居民对扶贫效应的五维感知模型。研究显示：(1)新疆和田市贫困居民对扶贫效应感知均为满意或非常满意状态；(2)五个维度感知程度的顺序为：脱贫机会变化感知>生活环境感知>安全感变化感知>受尊重程度变化感知>促进脱贫意识感知；(3)27个扶贫效应多维感知评价指标被划分在"继续保持区""供给过度区""适度发展区""重点改善区"4个象限中。最后，本文提出了针对性的对策建议。

【关键词】

深度贫困村；扶贫效应；多维感知；新疆和田

【作者简介】

王松茂 山东农业大学经济管理学院教授、博士生导师
郭英之 通讯作者，复旦大学旅游学系教授、博士生导师

1 引言

中国连片特贫地区多为少数民族集中区域，是中国扶贫攻坚的主战场。自改革开放以来，中国政府一直十分重视民族贫困地区的扶贫开发工作，并实施了一系列积极的扶贫政策，对促进民族地区经济发展，缓解和消除贫困、加强民族团结、促进社会和谐、实现全面建成小康社会等发挥了重要作用。为了全面建成小康社会，党的十八届五中全会明确指出到2020年要实现农村贫困人口全部脱贫，贫困县全部摘帽，并解决区域性整体贫困问题（王志章，2017）。贫困居民是对扶贫工作效果感知最直接的人群，他们对扶贫工作效果的感知和评价，能更真实地反映扶贫工作的不足。扶贫绩效考核不仅要包含"贫困人口数量""贫困群众收入"等脱贫"硬指标"，更要考虑贫困居民感知的认可度、满意度等"软指标"，且需要第三方评估（新华网，2016），贫困居民对扶贫效应感知不仅仅是单一的统计数据，更应有丰富的内涵（Permanyer，2018），阿玛蒂亚·森（Amartya Sen，1976）提出"能力贫困"的观点后，学术界及国际组织对贫困问题的研究逐渐从"经济收入"的单一维度转为"教育、医疗、健康"等多向维度。目前关于民族地区扶贫效应的文献，大多是依据统计年鉴数据从供给的角度研究扶贫政策的绩效及其改进措施，且在多维感知视角下探究贫困居民对扶贫效应的文献更是少之又少。基于此，本文以民族贫困地区新疆和田市7个深度贫困村为案例地，探知贫困居民对扶贫效应的感知程度，以期为精准扶贫提供量化依据和理论支持。

2 文献综述

2.1 多维贫困理论相关综述

贫困问题是当今全球所面临的共同难题，最初对贫困的定义主要以是否满足个体生活基本需求为判断依据，如世界银行的"一天一美元的极端贫困和一天两美元的贫困标准"（Chen，2004）。阿玛蒂亚·森突破传统意义上贫困的概念，认为贫困应是多维的，除了经济收入外，还应包括受教育水平、健康状况、住房质量以及公共物品的获得机会等非货币衡量的维度。1997年联合国开发计划署（United Nations Development Programme，简称UNDP）提出了含有生存指标、体面生活指标、知识指标等三个维度的多维贫困指数（Multidimensional Poverty Index，简称MPI），并针对发展中国家和发达国家分别提出了HPI1和HPI2，然而在实践测贫中出现了边界模糊、难以量化等问题（郭熙保，2016）。查克拉瓦蒂（Chakravarty，1998）等在瓦茨（Watts）单维测度贫困的基础上建立了W-M多维贫困指数，W-M多维指数具有维度可分解性、弱转移敏感性等优点。阿尔基尔（Alkire，2010）等构建了利用"双临界值"来识别及测度多维贫困的方法——AF方法，该方法理论易懂、算法清晰、可操作性强，是目前应用最广泛的多维贫困测度方法。

2.2 扶贫效果的相关研究

根据贫困的原因及特点，联合国、世界银行和各个国家都出台了一系列扶贫政策，扶贫效果也引起了学者们的极大关注。例如南希等（Nancy et al.，1997）等以拉丁美洲为例，运用计量经济模型，对世界银行扶贫政策的效果进行评估，结果显示，经济增长和人力资本积累是影响减贫效果的主要原因。苗齐（2006）等提出应当把贫困深度指数和贫困强度指数也作为考察扶贫工作效果的重要指标。肖云（2012）等运用多元回归方法研究了农村贫困人口对扶贫政策满意度的影响因素，并认为提高扶贫满意度是减小返贫发生率的有效措施。近些年，学者对精准扶贫效果的研究日益丰富。李（Li，2016）等对13个省22个贫困县的2075户家庭进行了全国范围的调查，测度了贫困居民对"精准扶贫"的反映，探究了"精准扶贫"存在的挑战以及如何调整和完善这一政策。王介勇（2016）等分析了近几年精准扶贫政策实施中出现的问题和挑战，并从精准识别、精准管理、保障制度三个方面提出精准扶贫的改革措施。张庆红（2016）等以新疆三地州为例，构建农户多维贫困指标体系，测算出各维度对多维贫困的贡献度，并提出了改善扶贫效果的措施。汪侠（2017）等借助模糊综合评价模型，以贵州郎德镇为例，测评了贫困居民对扶贫的满意程度。

通过文献梳理可知，现有研究多从政策供给的角度关注扶贫的实施效果及影响因素，而民族地区贫困居民对扶贫效应的感知研究较为缺乏。基于此，本文选取典型的民族聚居的贫困地区和田市7个深度贫困村为案例地,从贫困居民对扶贫政策的感知探究民族地区扶贫的成绩与不足。本研究的贡献在于:第一,从贫困居民对扶贫效应的感知角度,对民族地区的扶贫效应进行研究分析,能够更真实地反映扶贫成效。第二,借鉴多维贫困理论,构建了贫困居民对扶贫效应的五维感知模型,拓展中国的扶贫效应多维感知研究内容,并为中国民族贫困地区扶贫政策的实施提供科学依据。

3 研究区域与研究方法

3.1 研究区域

和田市位于新疆南部塔克拉玛干沙漠边缘(图1),距离首府乌鲁木齐市约2000km,是新疆最南端城市。全市辖4个街道、2个镇、6个乡、111个行政村、33个社区居委会,总面积585.11km²。截至2019年,全市总人口402271人,其中维吾尔族占比90.5%。和田市具有自然条件恶劣、生态环境脆弱、基础设施滞后、社会发育程度低等特征,是典型的少数民族高度聚居的贫困边远地区。党的十八大以来,习近平总书记提出了精准扶贫理论体系,全国上下开始了一场脱贫攻坚战。和田市对照"两不愁、三保障、一高于一接近"标准,执行"七个一批及三个加大力度"等扶贫政策,脱贫效果显著,贫困发生率由2011年的43.5%降至2019年的17.7%。

3.2 研究方法

问卷设计前,研究人员对当地贫困居民、妇女主任、村主任等43人进行了访谈。根据访谈结果,结合文献综述,设计了问卷的具体选项,并进行了预调研。问卷编制采用维吾尔语和汉语两种语言,问卷最终由两部分组成:一是样本人口社会学特征,二是扶贫政策感知选项。感知选项共设计了31个问题,答案采用5级李克特量表赋分法,分值从1到5依次表示感知程度由弱到强,即非常不同意、不同意、一般、同意、非常同意。

图1 新疆和田风光

图片来源: 由和田文化广播电视和旅游局提供

研究团队于2018年7月10日—16日、8月10日—18日两个时段实地调研访谈，研究团队由复旦大学、新疆大学6位专家学者组成，分为3个组。为保证数据获取的便利性和真实性，每组配有一名维吾尔族学生，且调研前统一对师生进行了关于访谈和调研操作的培训。2018年，和田市深度贫困乡镇为7个，为了使样本具有代表性，研究团队在每个深度贫困乡镇中随机抽选一个深度贫困村，在每个被调查的贫困村中，按照贫困户主姓名的拼音顺序，每五个贫困户选择一户进行进户问卷调查，对于能够读懂问卷的村民，请其在问卷上直接作答，对于文化程度较低者通过访谈辅助方式帮助其完成问卷，本次调研共发放342份问卷，分别为拉斯奎镇墩阔恰村52份、玉龙喀什镇巴什依格孜艾日克村61份、肖尔巴格乡阿亚格阿奇村47份、伊里其乡托甫恰村40份、吐沙拉乡普提拉什村35份、吉亚乡阔恰村63份、阿克恰勒乡肖尔巴格村44份，最终回收有效问卷316份，有效回收率为92.3%。

4 研究结果

4.1 贫困村受访者的社会人口学统计特征

调查对象的人口统计学结果显示（表1），在性别方面：男性受访人数稍多于女性，分别是54.4%和45.6%；年龄方面：被调查贫困居民的年龄以25~55岁为主，占比73.7%；文化程度方面：被调查贫困居民的受教育程度很低，文盲或半文盲占比最大，为52.2%，小学文化程度占比为43.8%，初中占比4.0%，高中或中专占比为0；职业方面：被调查贫困居民43.4%为务农，打工者占比37.3%，主要在附近的艾德莱斯丝绸厂、砂石厂、玉石厂、开关厂、缝纫厂打工，自由职业者占比19.3%，主要为捡玉石、到和田市或村里打零工等；另外，84.8%的被调查贫困居民不能够进行普通话交流，这也是很多贫困居民认为自己贫穷的主要原因。调查中，贫困居民认为致贫的原因主要有以下几类：不会普通话占比为63.3%，耕地面积少占比为45.3%，缺乏工作机会占比35.1%，缺乏劳动力占比34.2%，因病致贫占比为8.2%。值得一提的是，南疆四地州在"十二五"期间在全国率先实行从学前教育到高中阶段14年免费教育政策，同时，在被调查的贫困户中，没有一户家中有大学在读生，故在调查中，孩子的教育成本没有成为致贫原因。

4.2 贫困居民对扶贫效应的因子分析

问卷克隆巴赫系数为0.951，大于0.7，评价指标具有较高的内在一致性，可靠性较强。KMO值为0.942，表明适合做因子分析；巴特利（Bartlett）球形检验的原假设为相关系数矩阵是单位阵，Sig值为0.000，小于显著水平0.05，因此拒绝原假设，说明变量之间存在相关关系，适合做因子分析。通过最大方差法进行因子正交旋转，以特征值大于1和因子载荷大于0.4为标准，提取出扶贫效应感知27个评价指

表1 和田市深度贫困村贫困居民受访者的社会人口学统计特征

变量	变量类别	人数	比例/%
性别	男	172	54.4
	女	144	45.6
年龄	24岁以下	38	12.1
	25~40岁	102	32.2
	41~55岁	131	41.5
	56岁以上	45	14.2
文化程度	文盲或半文盲	165	52.2
	小学	138	43.8
	初中	13	4.0
	高中或中专	0	0
职业	农民	137	43.4
	打工者	118	37.3
	自由职业者	61	19.3
能否用普通话交流	是	48	15.2
	否	268	84.8
致贫原因	缺乏劳动力	108	34.2
	不会普通话	200	63.3
	家中有病人	26	8.2
	耕地面积少	143	45.3
	缺乏工作机会	111	35.1

标的5个公因子("增加医疗保险机会""改善道路状况""优化生态环境""改善'三留守'人员的生活状况"这4个指标被剔除)(表2)。

5个公因子中,第一个公因子包括"改善住房条件""改善用水用电条件""提高家庭收入""改善公共交通状况""优化居住环境""提高收入的多元化程度"等指标,主要反映贫困地区居民对提升生活质量和改善生活环境的扶贫感知,将此公因子命名为"生活环境变化感知"。78.3%的受访居民对生活环境的变化感知值大于4,扶贫政策的实施使贫困居民住房、饮食等生活条件有明显改善(图2)。21.7%的受访居民对生活环境的变化感知值比较低,扶贫政策带给他们的获得感较弱,主要集中在交通基础设施仍不完善等问题。

第二个公因子包括"增加学习普通话的机会""增加技能培训的机会""增加工作的机会""降低贷款的难度""改善教育设施"等指标,主要反映贫困地区居民对提供学习机会和增加脱贫机会的扶贫感知,将此公因子命名为"脱贫机会变化感知"。82.2%的受访居民对脱贫机会的变化感知值大于4。63.3%的居民认为自己贫穷的主要原因是不会普通话,贫困居民学习普通话意愿高于过去,普遍认为村里办普通话培训班的这项政策较好。部分受访者认为接受技能培训后可以到工厂就业,外出打工的意愿增强,也有受访者认为无息贷款这一扶贫政策较为有效。17.8%的受访居民对脱贫机会的变化感知值较低,主要认为政府应继续改善村里的教育基础设施。

表2 贫困居民对扶贫效应感知的因子分析表

评价指标	因子载荷	特征值	方差解释百分比	α系数	均值	标准差
生活环境变化感知(X_1)		4.365	14.082	0.795		
改善住房条件(X_{11})	0.686				4.89	0.323
改善用水用电条件(X_{12})	0.615				4.83	0.393
提高家庭收入(X_{13})	0.594				4.73	0.533
改善公共交通状况(X_{14})	0.558				4.74	0.525
优化居住环境(X_{15})	0.528				4.82	0.446
提高收入的多元化程度(X_{16})	0.466				4.80	0.454
脱贫机会变化感知(X_2)		4.288	13.831	0.725		
增加学习普通话的机会(X_{21})	0.683				4.84	0.418
增加技能培训的机会(X_{22})	0.679				4.73	0.569
增加工作的机会(X_{23})	0.657				4.78	0.486
降低贷款的难度(X_{24})	0.574				4.83	0.419
改善教育设施(X_{25})	0.438				4.78	0.480
促进脱贫意识感知(X_3)		3.808	12.283	0.714		
提升疾病防范意识(X_{31})	0.521				4.74	0.512
提高对教育的重视程度(X_{32})	0.503				4.79	0.477
有助于改善饮食习惯(X_{33})	0.493				4.85	0.374
提高个人卫生意识(X_{34})	0.456				4.81	0.415
受尊重程度变化感知(X_4)		3.757	12.118	0.804		
提高女性地位(X_{41})	0.429				4.87	0.373
提高扶贫精准性(X_{42})	0.563				4.81	0.424
增强居民决策参与度(X_{43})	0.532				4.77	0.471
增强扶贫政策透明度(X_{44})	0.505				4.79	0.446
增强地方认同感(X_{45})	0.483				4.81	0.431
安全感变化感知(X_5)		1.598	5.154	0.812		
增加医疗报销机会(X_{51})	0.480				4.77	0.511
改善医疗条件(X_{52})	0.738				4.74	0.505
改善老年人生活状况(X_{53})	0.572				4.82	0.439
提升扶贫长效性(X_{54})	0.439				4.78	0.471
促进家庭和谐(X_{55})	0.769				4.84	0.395
促进邻里和谐(X_{56})	0.428				4.82	0.405
改善社会治安(X_{57})	0.495				4.86	0.392

注:累积方差贡献率 = 58.234%。

图2 新疆和田乡村环境　　　　　　　　　　　　　　　　　　　　　　　　　　　　　　　　　　　秦冉/摄

第三个公因子包括"提升疾病防范意识""提高对教育的重视程度""有助于改善饮食习惯""提高个人卫生意识"等指标，主要反映贫困地区居民对提高他们脱贫意识的扶贫感知，将此公因子命名为"促进脱贫意识感知"。71.8%的受访居民对脱贫机会的变化感知值大于4，其中，对教育的重视程度普遍提高，另外，村民的卫生意识和疾病预防理念有明显的进步，饮食结构的合理性也有较大的提升，村民的得病率较之前大幅降低。

第四个公因子包括"提高女性地位""提高扶贫精准性""增强居民决策参与度""增强扶贫政策透明度""增强地方认同感"等指标，主要反映贫困地区居民对提升社会地位和政策参与度的扶贫感知，将此公因子命名为"受尊重程度变化感知"。73.6%的受访居民对受尊重程度变化的感知值大于4，多数受访者会根据自己家的情况主动申请合适的扶贫项目。另外，近几年来，女性的地位逐步提高，越来越多的家庭女性走出家门，接受职业培训后在附近就业或去外地打工。26.4%的受访居民对受尊重程度变化的感知值小于4。例如，女性地位虽然有所提高，但是与男性相比仍不平等。尽管离婚率较之以前低了很多，男尊女卑的传统思想在少数家庭中仍然存在，婚姻保障依然脆弱。

第五个公因子包括"增加医疗报销机会""改善医疗条件""改善老年人生活状况""提高扶贫长效性""促进家庭和谐""促进邻里和谐""改善社会治安"等指标，主要反映贫困地区居民对保障人身安全、改善医疗状况和促进社会和谐的扶贫感知，将此公因子命名为"安全感变化感知"。76.1%的受访居民对安全感变化的感知值较高，受访者认为医疗条件和社会治安环境有明显改善，现在的扶贫政策也促进了家庭关系和邻里关系的和睦。受访者普遍认为扶贫政策中最有效的是医疗扶贫政策，为自己和家人的健

4.3 贫困居民对扶贫效应感知因子的加权比较

从表2可知，27个评价指标的感知值范围为4.73～4.89，表明贫困居民对扶贫效应感知均为满意或非常满意。为进一步比较贫困居民对多维感知的5个因子的整体感知程度，本文计算出每个公因子的加权得分。计算公式如下：

$$ScoreX_i = \frac{\sum_{j=1}^{n} x_{ij} \times c_{ij}}{n}$$

表3 贫困居民对扶贫效应感知公因子加权得分

公因子编号	因子命名	最小值	最大值	平均值	标准差
X_1	生活环境变化感知	2.23	3.35	2.76	0.35
X_2	脱贫机会变化感知	2.09	3.30	2.90	0.44
X_3	促进脱贫意识感知	2.19	2.47	2.36	0.10
X_4	受尊重程度变化感知	2.09	2.53	2.42	0.21
X_5	安全感变化感知	2.06	3.72	2.70	0.62

上述公式中，X_i为第i个公因子，x_{ij}为第i个公因子第j个指标的平均得分，c_{ij}为载荷量因子，n为指标数量。根据此公式进行计算，结果显示，贫困居民对5个因子的感知程度顺序为：脱贫机会变化感知>生活环境变化感知>安全感变化感知>受尊重程度变化感知>促进脱贫意识感知（表3）。

4.4 贫困居民对扶贫效应的IPA分析

IPA（Importance-Performance Analysis）法通过问卷调查的形式，获取受访者认为某项决策或指标的重要性和绩效性，传统的IPA分析法要求受访者对同一问题做出两次判断，当问卷题量较大时，受访者的答案有时会前后不一致，从而造成访问质量下降。邓维兆将单项满意度与总体满意度之间的偏相关系数作为引申重要性得分，这样能够计算出该变量与总体满意度之间的净相关，避免受其他变量的影响（陈旭，2013）。本研究以引申重要性得分为横轴，以贫困居民对扶贫效应多维效应感知修正后的评价得分为纵轴，绘制IPA分析图。如图3所示，依据引申重要性和效应感知均值的总平均值（0.332和4.801），27个扶贫效应多维感知评价指标被划分在四个象限中。

其中，第一象限为"继续保持区"，即和田市贫困居民认为这些评价指标重要性较高且感知值也比较高，主要包括"改善用水用电条件""增加学习普通话的机会""降低贷款的难度""有助于改善饮食习惯"和"提高扶贫精准性"等指标。对于南疆地区贫困居民而言，这5项指标非常重要，而且与感知值的整体均值相比，感知值较高，表现较好，在扶贫政策制定时对这些方面应继续保持原来的扶持力度。

第二象限为"供给过度区"，即和田市贫困居民认为这些评价指标重要性相对较低但实际感知值却较高，主要包括"改善住房条件""优化居住环境""提高个人卫生意识""提高女性地位""增强地方认同感""改善老年人生活状况""促进家庭和谐""促进邻里和谐"和"改善社会治安"等指标。这9项指标相对其他指标而言略显次要，但和田市贫困居民对这些指标的感知值高于期望，居民较满意，在制定扶贫政策时这些方面可梳理轻重缓急、分阶段发展。

第三象限为"适度发展区"，即和田市贫困居民认为这些评价指标重要程度相对较低而且感知值也相对较低，主要包括"提高家庭收入""增加工作的机会""改善教育设施""提升疾病防范意识"和"提高扶贫长效性"。从长远角度看，这些因素未来也需着力改善，在制定扶贫政策时要适当偏重于这些方面，缓慢改进。

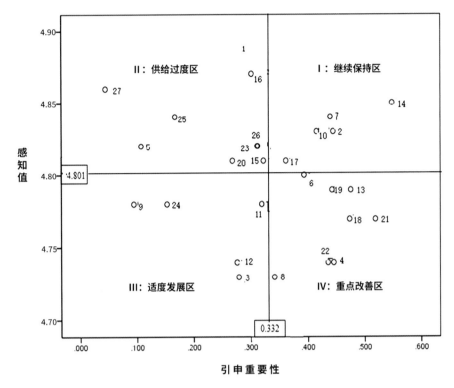

图3 贫困居民对扶贫效应多维感知值和引申重要性的IPA分析图

第四象限为"重点改善区",即和田市贫困居民对于这些评价指标非常重要但感知值却较低,主要包括"改善公共交通状况""提高收入的多元化程度""增加技能培训的机会""提高对教育的重视程度""增强居民决策参与度""增强扶贫政策透明度""增加医疗报销机会"和"改善医疗条件"。以上8项指标是提升和田市贫困居民对扶贫效应感知值的关键所在,位于该象限的指标在扶贫效应感知中处于劣势,会严重影响居民对扶贫政策的整体感知,所以在未来的扶贫政策制定中要予以充分重视,重点改进,将劣势转化为优势。

5 研究结论与政策建议

5.1 研究结论

本研究借鉴阿玛蒂亚·森的多维贫困理论,选取了贫困地区和田市7个深度贫困村342名贫困居民为研究对象,运用深度访谈、问卷调查、因子分析、修正的IPA等多种方法,定性定量深入研究了贫困居民对扶贫效应的多维感知。得到以下结论:

(1)贫困居民对扶贫效应的感知包括"脱贫机会变化感知""生活环境变化感知""安全感变化感知""受尊重程度变化感知""促进脱贫意识感知"5个维度;根据每个因子的因子载荷量,计算出每个公因子的加权得分,结果显示,贫困居民对5个维度感知程度的顺序为:脱贫机会变化感知>生活环境变化感知>安全感变化感知>受尊重程度变化感知>促进脱贫意识感知。

(2)贫困居民对扶贫效应感知均为满意或非常满意。贫困居民对生活环境变化感知的6个评价指标的感知值最小为4.73,最大为4.89;对脱贫机会变化感知的5个评价指标的感知值最小为4.73,最大为4.84;对促进脱贫意识感知的4个评价指标的感知值最小为4.74,最大为4.85;对受尊重程度变化感知的5个评价指标的感知值最小为4.77,最大为4.87;对安全感变化感知的7个评价指标的感知值最小为4.74,最大为4.86。

(3)将引申重要性得分平均值作为横坐标,贫困居民对扶贫效应多维感知修正后得分平均值作为纵坐标,27个扶贫效应多维感知评价指标被划分为"继续保持区""供给过度区""适度发展区"和"重点改善区"4个象限。其中,"改善用水用电条件"等5项指标属于"继续保持区","改善住房条件"等9项指标属于"供给过度区","提高家庭收入"等5项指标属于"适度发展区","改善公共交通状况"等8项指标属于"重点改善区"。

5.2 政策建议

(1)坚持市场导向原则,开展扶贫精准项目。扶贫政策制定须关注市场需求,了解市场变化,同时依据各地优势资源、生产条件和基础设施,坚持市场导向原则,充分发挥比较优势,使扶贫工作与市场发展相结合，培养和发展"一乡一主导产业"的精准扶贫格局，并在各村发展一批围绕主导产业的扶贫卫星车间，从而提升项目的扶贫效率。

（2）精准设计扶贫产品，提升扶贫产品质量。目前和田市扶贫产品众多，但大多为产品初加工状态，呈现经济效益低、同质化严重、品牌效应差等特点。扶贫产品须通过市场机制科学精准设计，调整扶贫产品结构，丰富扶贫产品类型、增加扶贫产品附加值，深化扶贫产品文化、科技等内涵，加强各地扶贫产品品牌建设，提升扶贫产品质量。

（3）落实项目布置精准，完善措施到户精准。在精准识别的基础上因人施策，结合贫困居民不同人口特征和劳动技能，进行有区别的精准帮扶和指导。如距离市区较远的居民，可以就近参加丝绸厂、玉石厂、砂石工厂等。和田市旅游资源丰富，针对妇女和老人等可开发具有当地特色的手工旅游纪念品制作以及民族传统美食加工等扶贫项目。

（4）加大科技扶贫力度，提高扶贫项目效率。科教落后、劳动者素质低是和田市经济落后的根本原因之一，许多扶贫项目资金到位，但由于村民缺乏技术，扶贫效率低下。提高扶贫项目效率一方面要向发达地区"开渠引才"，学习先进经验；另一方面须健全当地文化教育和职业教育，培育本土人才，提高村民的普通话水平和专项劳动技能。

（5）激发脱贫内生动力，确保实现稳定脱贫。坚持扶智扶志相结合，加强宣传教育，扶持贫困群众摆脱物质贫困，消除精神贫困，增强贫困群众自我脱贫意识。拓展贫困群众学习机会，开拓贫困群众视野，使其掌握先进文化和实用技术，增强贫困群众自我脱贫的能力。减少婚丧嫁娶等非生产性消费，培育健康文明生活方式，确保脱贫的长效性。

本研究还存在一定局限性。首先，在构建评价指标体系时，虽然借鉴了相关文献和深度访谈内容，但是未从专家角度筛选评价指标，未来的研究可以尝试运用德尔菲法等其他方法进一步提升评价指标的科学性。其次，本文仅以和田市民族贫困地区为例进行了研究，未来可以加强南疆其他民族贫困地区的扶贫效应感知研究，或者对两个民族贫困地区的扶贫效应感知研究进行对比分析。

基金项目

国家自然科学基金项目"南疆四地州旅游扶贫效率的空间分异及驱动机制研究"（41661110）、中国博士后面上基金项目"南疆四地州多维贫困测度及旅游扶贫效率研究"（2018M632028）。

参考文献

陈旭，2013. IPA 分析法的修正及其在游客满意度研究的应用[J]. 旅游学刊，28(11)：59－66.

国家统计局住户调查办公室，2017. 中国农村贫困监测报告 2017[M]. 北京：中国统计出版社.

郭熙保，周强，2016. 长期多维贫困、不平等与致贫因素[J]. 经济研究，62(6)：143－154.

苗齐，钟甫宁，2006. 中国农村贫困的变化与扶贫政策取向[J]. 中国农村经济，30(12)：55－61.

王介勇，陈玉福，严茂超，2016. 我国精准扶贫政策及其创新路径研究[J]. 中国科学院院刊，31(3)：289－295.

汪侠，甄峰，沈丽珍，2017. 基于贫困居民视角的旅游扶贫满意度评价[J]. 地理研究，36(12)：2355－2368.

王志章，韩佳丽，2017. 贫困地区多元化精准扶贫政策能够有效减贫吗？[J]. 中国软科学，32(12)：11－20.

肖云，严茉，2012. 我国农村贫困人口对扶贫政策满意度影响因素研究[J]. 贵州社会科学，23(5)：107－112.

新华网，2016. 22 省份扶贫考核引入第三方评估或与官帽挂钩[DB/OL]. (2016－02－17). http://www.xinhuanet.com/politics/2016－02/17/c_128727709.htm.

张庆红，阿迪力·努尔，2016. 少数民族连片特困地区农户多维贫困分析：以新疆南疆三地州为例[J]. 农业现代化研究，37(2)：270－276.

ALKIRE S, SANTOS M E, 2010. Acute multidimensional poverty: a new index for developing countries[M]. London: Social Science Electronic Publishing.

BOLEY B B, MCGEHEE N G, HAMMETT A L T, 2017. Importance-performance analysis (IPA) of sustainable tourism initiatives: the resident perspective[J]. Tourism management, 58(2): 66－77.

CHAKRAVARTY S R, MUKHEIJE D, 1998. On the family of subgroup and factor deceomposable measures of multidimensional poverty[J]. Research on economic inequality, 56(8): 175－194.

BIRDSALL N, LONDONO J L, 1997. Asset inequality matters: an assessment of the World Bank's approach to poverty reduction [J]. American economic review, 87(2): 32 – 37.

ñaki Permanyer, M. Azhar Hussai, 2018. First order dominance techniques and multidimensional poverty indices: an empirical comparison of different approache [J]. Social indicators research, 137 (3): 867 – 893.

RAVALLION M, CHEN S, 2004. China's (uneven) progress against poverty [R]. World bank policy research paper (1): 3408.

SEN A, 1976. Poverty: an ordinal approach to measurement [J]. Econometrica, 44 (2): 219 – 231.

LI Y H, SU B Z, LIU Y S, 2016. Realizing targeted poverty alleviation in China: people's voices implementation challenges and policy implications [J]. China agricultural economic review, 8(3): 443 – 454.

古北水镇

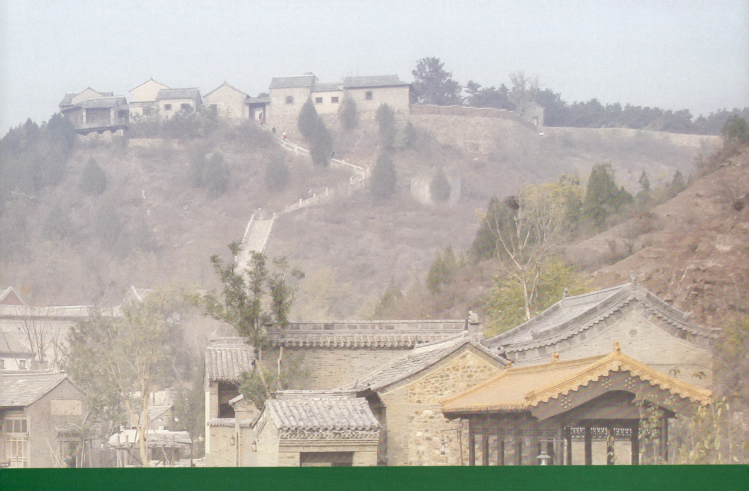

功能更新与业态转型

Space and Product: Renovation and Transformation

高 志	张俊波	国际乡村遗产保护共识与典型乡村保护更新实践
杨颖华	韩永红	矿山特色旅游小镇的改造与研究：以陕西潼关小秦岭矿山公园为例
王小斌	许靖一	基于旅游产业发展的豫中传统聚落空间更新及活化利用研究
赵 铭	赵之枫	"三生"融合视角下乡村产业发展模式与策略探究：以山东省枣庄市独古城村为例
	红 药	芳香主题民宿与沉浸式体验：乡村振兴之芳香赋能文旅

国际乡村遗产保护共识与典型乡村保护更新实践

Conservation and Renovation of Rural Heritage: Lessons from Overseas

文 / 高 志　张俊波

【摘　要】

本文将以典型的国外乡村建筑遗产保护与更新为研究方向，选取有代表性的案例作为研究范本，对乡村建筑保护的法律法规制定、更新的具体手段进行详细分析，结合我国国情，提出国外乡村建筑保护与更新可以借鉴的方面。最后提出中国乡村建筑保护与更新的建议。

【关键词】

乡村建筑；乡村振兴；遗产保护

【作者简介】

高　志　加拿大宝佳国际建筑设计集团驻华首席代表，清华大学房地产EMBA及北京大学经济学院兼职教授

张俊波　加拿大宝佳国际建筑设计集团产业与规划公司总经理

随着工业化的发展，大量人口从乡村集中到城市，城市的聚集效应凸显。与此同时，城市在发展过程中出现了交通拥挤、住房紧张、能源紧缺、环境污染问题，城市能量流的输入与输出失去平衡。人们开始反思城市规划的问题，同时更加怀念那些体现人类文化的乡村聚落。

20世纪60年代，美国建筑师兼社会学家伯纳德·鲁道夫斯基（Bernard Rudofsky）明确指出乡村建筑是"没有建筑师的建筑"。乡村建筑是乡村文化的外在显现。本土的工匠用自古以来积累下来的经验所建造的房屋，是一种自发的建造行为。

乡村建筑在人类的情感中占有重要的地位。它已经被公认为特征和魅力兼顾的社会产物。它看起来是不拘于形式的，但却是有秩序的。如果不注重保存这些组成人类自身生活核心的传统的和谐，将无法体现人类遗产的价值。

本文将以典型的国外乡村建筑遗产保护与更新为案例，选取有代表性的保护与更新手段，从而为国内乡村振兴建设提供借鉴蓝本。

1 国外乡村的建筑保护与更新特点

1.1 国外乡村建筑保护与更新的发展进程

1999年10月17日，国际古迹遗址理事会（ICOMOS）第十二届全体大会在墨西哥通过了《关于乡土建筑遗产的宪章》，提出了乡土遗产的概念，并确立了相应的管理和保护原则。该宪章突出地反映了20世纪初建筑师们对现代城镇环境的不满以及对工业化时代以前人与环境相对和谐的状态的怀念，认为现代城市不能代表和象征人类的愿望，也不能适应现代生活需要，是一种反民主机制，需要将其取消（尤其是取消大城市）。未来城市应该是无所不在而又无所在的，这将是一种与古代城市或任何现代城市差异如此之大的城市，以致我们根本不会把它当作城市来看待。

20世纪40年代，法国乡村主义学派、地方主义运动等，开始致力于捍卫农村的景观和生活方式。"对工业化的厌倦，对生态危机、环境恶化的觉醒，促进了人们回归自然的情感与行动，农村是最接近人与自然的和谐存在，是最理想的人居环境。"英国也从20世纪80年代开始了"保护乡村、建设乡村、享受乡村"的行动。英国前首相斯坦利·鲍德温的名言是："英国就是乡村，乡村就是英国"，"农村无论怎样现代化也不应异化为城市，农村就是农村。"

20世纪60年代，国际社会开始对历史文化村镇和乡土建筑遗产的保护给予关注。1964年5月，第二届历史古迹建筑师及技师国际会议在威尼斯通过了《关于古迹遗址保护与修复的国际宪章》（《威尼斯宪章》），指出："历史古迹的要领不仅包括单个建筑物，而且包括能从中找出一种独特的文明、一种有意义的发展或一个历史事件见证的城市或乡村环境。"

20世纪70年代中期，两个重要的国际文件进一步促进了历史文化村镇和乡土建筑遗产的保护。一个是1975年5月国际古迹遗址理事会第四届全体大会在罗登堡通过的《关于历史性小村镇保护的国际研讨会的决议》，对如何保护历史文化村镇和乡土建筑遗产提出了有价值的措施建议。该决议指出"根据居住结构、住宅形式、建筑技术和本地材料使用，这些关联中没有一个比适应当地自然和气候条件并已发展数世纪的本土建筑环境更重要"。

《关于乡土建筑遗产的宪章》明确了乡土建筑遗产保护的五项原则：一是传统建筑的保护必须在认识变化和发展的必然性和认识尊重社区已建立的文化特色的必要性时，借由多学科的专门知识来实行；二是当今对乡土建筑、建筑群和村落所做的工作应该尊重其文化价值和传统特色；三是乡土性几乎不可能通过单体建筑来表现，最好是各个地区经由维持和保存有典型特征的建筑群和村落来保护乡土性；四是乡土建筑遗产是文化景观的组成部分，这种关系在保护方法的发展过程中必须予以考虑；五是乡土性不仅在于建筑物、构筑物和空间的实体构成形态，也在于使用它们和理解它们的方法，以及附着在它们身上的传统和无形的联想。

1.2 国外乡村建筑更新的理论与实践

1.2.1 美国的"北美乡村建设"

在工业革命之前，美国一直是一个农业大国，早期的欧洲移民，建筑师和匠人将欧洲的建造技术与建筑样式一同带到了新大陆，通过宣传册或书籍在新大陆传播，这些建筑做法结合美洲大陆具体的自然、地理条件，最终形成了美国本地的乡

图1 美国弗农山庄　　　　　　　　　　　　　　　　　　　　图片来源：美国国家公园管理局

村建筑。

美国的历史虽然只有短短200余年，但其对本国的历史文化建筑保护起步早，重视度高，就乡村历史建筑保护方面，已经形成了相对完善的保护体系。

1853年弗农山庄（Mount Vernon）（图1）保护事件是美国乡村历史建筑保护的开端，它激发了民众对新国家的爱国热情和认同感。由此，许多个人开始自发对名人故居和有历史意义的建筑进行保护。这些私人及民间团体不仅通过购买乡村历史建筑的方式参与保护，而且通过开展乡村历史遗产宣传、教育、发展乡村历史观光旅游等活动来保护美国乡村历史建筑。

1916年，美国颁布《国家公园管理法》，通过立法的手段将建筑保护以法律的形式确立下来，并建立了由联邦到州、由政府到私人的完善的体系。

20世纪30年代的经济大萧条时期，为了解决建筑师就业问题，联邦政府于1935年通过《历史遗址保护法》，授权国家公园局购买并管理有历史价值的场所，并组建由建筑师、历史学家和考古学家等相关学科的专家团队，对这些场所进行调查和必要的修复。同年，《历史场址法》和《美国历史保护法》规定，美国历史文化遗产对国家而言具有最高的历史价值，乡村发展规划不能影响任何国家登录的历史财产。乡村发展计划在被提议、授权和取得资助前，必须通过美国国家公园管理局的历史保护影响审查。自此，联邦政府也成为历史建筑保护的主要力量。

第二次世界大战之后，美国传统的农业生产方式被现代化农业技术所改变。乡村经济水平迅速提升，与城市经济差距不断减小，更多的工厂设立在乡村范围内，导致传统乡村景观被大型的现代化农场和城市化建筑取代。于是越来越多的人开始认为保护乡村风貌与保护历史建筑同样重要。

从20世纪90年代开始，美国开始注重农业的可持续性发展，这带给建筑的影响是一些州在国家公园管理局的资助下也开始对乡村历史建筑进行调研，比如新罕布什尔州的历史调查。这些项目使被低估的农业历史建筑被重新评估，并得到修复或者再利用，更多的乡村历史建筑被收录于国家登录体制（National Register System）。

美国历史建筑保护经历了一个不断完善的发展过程——从保护建筑单体保护到保护整体，从单纯地保护历史价值到保护综合价值。美国乡村历史建筑保护的主体自上而下主要分为联邦保护机构、州保护机构、私人和民间保护团体。相关保护标准包括《历史建筑国家登录标准》《乡村历史景观认定标准》和《乡村历史建筑保护待遇标准》。美国乡村建筑保护的优势在于有完善的体系，以及有社会各个角色的广泛参与，这些都值得我国借鉴。

1.2.2 德国的"村庄更新"

德国最吸引人的不是慕尼黑这样的大城市，而是安静古朴的田园风光和风景独好的广大乡村地区。德国在第二次世界大战后实施的促进乡村发展和转型升级的政策与规划值得学习和参考。20世纪70年代，德国开始实行"我们的乡村应该更加美丽"的计划。计划主要包括三个方面：提高农产品质量和种类，开发农业房地产和乡村旅游，初步实现传统乡村和农业向现代化和生态化的转变。

德国政府还颁布了《土地整治法》，积极采纳当地居民的意见，对村镇进行详细规划，划定自然保护区，避免乡村自然风光遭到破坏，有效改善了农民生活和农村生态环境。

1988年出台的《建造空间秩序法》修正并整合了当时的建筑法、空间持续法、自然保育和环境保护等重要法令，提出乡村与城市互补的思想。

经过多年成功的建设，德国农村自然环境优美，基础设施完善，交通便利，功能齐全，生活条件也与城市无异。除了基本的生产生活之外，德国乡村的文体娱乐活动及配套设施也一应俱全，酒吧、夜市、节庆活动等异常丰富。

1.2.3 英国的"城乡建设"

怡人的田园风光、古朴的乡村住宅和庄园等乡村建筑是英国乡村（图2）的特色。英国乡村建筑的风格基本统一，即使是新建的房屋，也会在建筑风格和材料色调上与周围的老建筑相和谐。

乡村的房屋基本以灰色和黑色为主。乡村住宅多为由麦秆或者芦苇为材料做屋顶的茅草屋，这些麦秆质量较轻，均取自于本地，这种屋顶做法从几千前的铜器时代一直延续至今。虽然均为茅草屋顶，但具体做法还是取决于不同工匠的建造习惯。18世纪末19世纪初，英国流行的浪漫主义画派有许多以乡间建筑为题材的绘画作品，使得这种建筑形式颇受欢迎，甚至一些乡村教堂也会采用茅草屋顶。同时期，随着铁路系统在英国迅速发达，英国北部的石材在英国境内广泛流通，成为墙体的主要材料。后来的乡村住宅多用混凝+搁块做结构，外御红砖及涂料，屋顶则为木构架结构，铺石板瓦。这些建筑语汇是英国乡村文化必不可缺的一部分。

另一种在英国乡村常见的建筑是乡村庄园。18世纪中叶，工业革命使英国成为当时的经济强国，不少贵族会在风景如画的乡村建造他们的庄园，这些庄园通常是由知名设计师（景观设计师）设计的。比如位于萨塞克斯（Sussex）郡东部由景观设计师布朗（Capability Brown）设

图2 英国的乡村（拜伯里）

彭婷婷／摄

计的谢菲尔德公园（Sheffield Park Gardens）就是"英国乡村庄园"的代表。

这些特色乡村建筑为英国乡村旅游业的发展奠定了基础，使旅游业成为英国最重要的产业之一。据英国官方统计，自20世纪60年代乡村旅游开始在英国发展，至80年代末90年代初，全国共有约500处乡村旅游景点，数量占总人造景观景点处的1‰。英国的乡村旅游景点十分完善，游客在体验乡村自然风光的同时，还可参与农业活动和丰富的休闲娱乐活动。

乡村旅游健康发展，村民并没有为了适应产业发展需求而建造大批新建筑，而是利用现有的农舍，兼顾本来的乡村风貌，进行改造翻新，使其适应现代生活的需要。因此，即使是新建的房屋也保持了乡村的风格。乡村保护协会（Campaign to Protect Rural England）也发挥了一定作用。第一次世界大战之后，城市不断扩张发展，人口也大幅度增长，此时建筑师雷蒙德·欧文提出可将人口疏散到乡村和郊区，即"乡村城市化"。为避免对自然景色的无节制破坏，乡村保护协会于1926年成立，其目的是抵制城市的无限扩张，保护英国乡村的自然风貌。该组织并不反对现代化，而是试图寻找一种乡村良性发展的方式。第二次世界大战结束后，民众的爱国主义情怀促使他们积极投入到乡村重建的工作中。乡村保护协会引领的自下而上的保护方式促成了许多重要的环保法令，比如1947年的《城乡规划法》使土地国有化。1949年的《国家公园和乡村土地使用法案》规定采用信托的管理方式，由国家保护并管理国家公园。国家公园内部分土地仍然属于本地人，并且继续进行农业生产。乡村的建筑完全保持原有风貌，新建筑也需采用传统的营造方式。在该法案的规定下，许多乡村地区得以保留，没有被工业化和现代化吞噬。

除了乡村保护协会对乡村建筑的保护之外，20世纪70年代开始，英国"绿色运动"倡导以农舍为对象的新建建筑和老宅改造。同时期的"拯救英国传统资产"运动提倡保护乡村建筑，更多的建筑师和学者开始重视乡村文化和建筑。

1.2.4 日本的"造村运动"

日本的乡村建筑主要分为住宅、公共建筑和神社，按照建造时间主要分为传统建筑和新建建筑。由于日本是地震高发区，所以乡村建筑大多控制在3层以内，这也使农村住宅的仓库和工具房及其他功能的附属空间与居住空间分离。日本乡村建筑多采用木结构，材料因地制宜，装饰较少。但无论是新建筑还是老建筑，都保持着传统乡村民居的风格。日本传统的乡村民居通常是由缓和的坡屋顶和质朴的本土建筑材料构成的，讲求与周围的自然环境和谐统一。在设计上，为了将室内的建筑环境和室外的自然环境紧密联系，多使用大窗口、阳台和廊子等。建筑材料通常采用未经处理的木柱，木结构对地震也起到良好的缓冲作用。建筑的屋檐宽大，有些建筑也会架高0.5~1m，使木结构和建筑室内环境保持通风和干燥。选用的材料和质朴的风格体现出日本建筑素雅的质感和构筑之美。

日本新建的现代乡村住宅通常是独栋式住宅，又被称为"一户建"（图3）。"一户建"通常由一个小院加停车场、部分私有道路，2~3层的木造小楼构成，面积为100~300m^2。"一户建"相当于中国的平房和小洋楼的中间产物。"一户建"采用了工业化的材料和建造方式，而平面布局和庭院空间都保持着传统民居的特色，室内仍然会以叠为丈量单位。

除了村宅，神社是每个乡村最重要的公共空间，也是村子的标志性建筑，通常位于山上或者制高点。神社有鸟居、拜殿和本殿等部分，有的神社规模较大，还有山门、钟楼和其他附属建筑。神社建筑与民居不同，通常有坡度较大的屋顶，上铺茅草或是铜皮。这些传统的公共建筑在今天仍然在乡村有重要意义。

第二次世界大战后，日本将主要资源集中于大都市的重建，农村青壮年人口大量集中于城市。1955~1971年，工业和其他非农业就业人口增加了1830多万，总数达到4340多万，占就业总人数的比重从61%提高到85%，同时期的农业劳动力则从1600万人减少到760万人，农村人口过少的现象使日本农村面临瓦解的危机。

造村运动的倡导者、日本大分县前知事平松守彦提出了"磁场理论"，即如果在强磁场与弱磁场之间放一块铁板，铁板自然会被强磁场吸引过去，信息化程度高、生活质量高的城市相对于乡镇就是强磁场，为了促进各地区均衡发展，就要把农村建设成不亚于城市的强磁场，才能把人口牢牢吸引在本地区，磁场的吸引力在于产业。所以发展具有地方特

图3 日本一户建　　　　于小飞 / 摄

色的产业,成为造村运动的开端。

造村运动所提倡的"一村一品"是指在一定区域范围内,以村为基本单位,按照国内外市场需求,充分发挥本地资源优势,通过大力推进规模化、标准化、品牌化和市场化建设,使一个村(或几个村)拥有一个(或几个)市场潜力大、区域特色明显、附加值高的主导产品和产业,以振兴农村"1.5次产业"。"一村一品"并不限于农特产品,也包括旅游、文化等服务业产品,还包括乡村特色建筑、地方庆典等。

由于乡村建筑一般都是工匠建造的,村民都很敬重工匠,同时,不同村庄的建筑可以体现村庄的传统风貌。所以,他们坚持可以满足他们生活需求的又兼具民族特色及传统的建筑方式,即使是新建的建筑通常只是有满足现代生活需求的设施,但仍保持着传统的风貌。这种发展不是跳跃性的,而是循序渐进的。

1.3 国外乡村建筑更新的中的差异与共性

综上所述,我们可以看出,各国会根据自己的特点保护与更新乡村建筑,存在的差异主要有以下几点:

(1)模式差异:在乡村建筑的改造中,国情不同,更新模式类型不尽相同,如德国采取自上而下的更新模式,而日本则采取自下而上的更新模式。

(2)特点各异:在乡村建筑更新中,美国、日本的更新改造更偏向由内而外的更新,由保护而起,至更新而终。英国乡村建筑保护和更新则是由旅游产业催生而来,这个可以看作是由外而内的保护与更新。

此外,各国在乡村建筑保护与更新过程中,虽然存在模式差异与特点差异,但是也存在着一定的共性。这些共性尤其值得学习和借鉴,具体表现为如下几个方面:

(1)历程漫长:西方发达国家乡村建筑的保护与更新已经走过了漫长的历程,同时,更新与保护的过程不是一蹴而就的,而是循序渐进的,不断迭代发展。

(2)多方参与:虽然国外乡村建筑保护与更新模式多种多样,但是保护与更新的参与模式并不只是单纯的政府出资并加以完善。在以上保护更新的案例中,可以看到,政府部门、农民协会、乡村精英、普通村民、城市、企业、高等院校、金融机构等参与主体的功能作用和内在价值,充分体现了多中心保护、治理与更新的思路,从而实现了乡村社会的稳定繁荣发展。

(3)多维度更新:乡村建筑的保护不是一个只保留村貌的简单工程,各地均从单纯的保护历史价值向综合价值利用过渡,最终实现乡村建筑保护修缮与乡村旅游等产业相结合,实现文化与经济的双向提升。

2 日本白川乡合掌村建筑保护与更新分析

2.1 合掌村概况

白川乡合掌村位于日本中部岐阜县白山山麓,是个四面环山、水田纵横、河川流经的安静山村。1995年12月，德国柏林举行的联合国教科文组织第十九届世界遗产委员会决议，日本"白川乡的合掌村"入选为世界遗产（图4），这是日本继姬路城、白神山地等之后，第六个入选为世界遗产的地方。

这个山村的特别之处即是有名的"合掌造"。"合掌造"建筑指的是将两个建材合并成叉手三角形状，且用稻草、芦苇来铺屋顶，在白川地区又被称为"切妻合掌建筑"。在20世纪50年代，德国建筑学者就说，白川合掌屋是最合理、最理性、最"天人合一"的建筑。现在，村里的"合掌造"有113栋，其中109栋被指名保护。

2.2 合掌造的建筑特点

合掌造的建筑有以下特点：

（1）建筑的屋顶甚为陡峭，侧面为近60°的等腰三角形，屋顶用厚厚稻草、芦苇铺就，呈"人"字形，犹如两手合握，因此得名"合掌造"。陡峭的屋顶有利于减少雨雪对屋顶的压力并能够较快滑落。

（2）单体建筑的体量庞大，层高2~4层，底层作为日常生活之用，阁楼上则用来养蚕、纺织，这与当时当地流行养蚕和纺织业有密切关联。

（3）房子的朝向和村落的整体布局也呈现一定的规律，屋顶一般面向东西，两端山墙面向南北，以保证有充分日晒，并防御强劲的南北穿谷风。

（4）建筑的布局和室内摆设也是有讲究的，当地人笃信净土真宗，每户设有佛坛，所以与邻居家的关系基本上都是厕所对厕所，佛坛对佛坛，从而也影响了建筑群和整个村落的布局。

白川乡的成功与当地农民为保护家乡的地域文化、保护山村的生态环境所做的不懈努力是分不开的，他们对乡村建筑的保护与更新具有参考价值。

2.3 合掌村保护与更新措施

2.3.1 准则先行：制定保护准则

为妥善保护自然环境与开发景观资源，合掌村村民自发成立了"白川乡合掌村集落自然保护协会"，

图4 日本白川乡合掌村　　徐晓东 / 摄

制定了白川乡的《住民宪法》，规定了合掌村建筑、土地、耕田、山林、树木"不许贩卖、不许出租、不许毁坏"三大原则。协会制定了《景观保护基准》，针对旅游景观开发中的改造建筑、新增建筑、新增广告牌、铺路、新增设施等都做了具体规定，如：用泥土、砂砾、自然石铺装地面，禁用硬质砖类铺装地面；管道、大箱体、空调设备等必须隐蔽或放置于街道的后背；户外广告物以不破坏整体景观为原则；水田、农田、旧道路、水路是山村的自然形态，必须原状保护，不能随便改动。

1975年，地方政府开始向国家提出要保护重要传统遗产历史建筑的申请。政府组织相关专家成立了合掌建筑群的修复委员会（由村民、教育委员会、建筑师、文物保护专家等组成）。国家、县、市还下拨了保护修缮历史建筑的经费。

2.3.2 建筑的保护与应用：留住原生态

2.3.2.1 原生态建筑的保护

白川乡合掌村自然村落中的茅草屋建筑，全部由当地山木建造且不用一颗铁钉，能保留至今确实很不容易。1965年，曾发生大火，烧毁了一半以上的茅草屋建筑，村里有三四人主动带领大家重建家园，开始了一场保护家园建筑茅草屋的运动。由此，继承和发扬了合掌村的一个历史传统：每家都有囤积茅草的习惯，凡是一家房屋需要更换新茅草屋顶，家家户户携带自家囤积的茅草来相助并参与更换屋顶的工事，一家更换新屋顶只需要一天就可以全部完工。大家把合掌建筑称为"结"的力量。

2.3.2.2 空屋改造计划：用博物馆记录原乡

当一些村民移居城市后，在协会的策划下，针对空屋进行了"合掌民家园"的景观规划设计，院落的布局、室内的展示等都力图遵循历史原状，成为展现当地古老农业生产和生活用的博物馆。

2.3.3 产业的发展与延伸：农业+旅游+文化的产业发展模式

2.3.3.1 发展特色农业

白川乡的居民都有共识：旅游开发不能影响农业的发展。为提高整体经济效益，白川乡积极主动地制定了有关农业发展方向和政策的五年计划。白川乡农用地面积有1950亩（130hm²），其中水田1650亩（110hm²），农家有229户。主要农副业生产项目包括水稻、荞麦、蔬菜、水果、花卉、养蚕、养牛、养猪、养鸡、加工业等。这些生产项目现在也是旅游地点。

2.3.3.2 文化带动旅游发展

为增加旅游项目，白川乡合掌村从传统文化中寻找具有本地乡土特色的内容，充分挖掘以祈求神来保护村庄、道路安全为题材的传统节日——"浊酒节"。在巨大的酒盅前展开隆重仪式，从祝词到乐器演奏、假面歌舞、化妆游行等以及服装道具系统设计一应俱全。节日期间，合掌建筑门前张灯结彩，村民都来参与和庆贺节日，节日的趣味性也成为吸引游客观赏的重要内容。除大型节日庆典外，村民们还组织富有当地传统特色的民歌歌谣表演。把传统手工插秧，边唱秧歌边劳作的方式作为一种观光项目，游客都可主动参与，体验劳动的快乐。

2.3.4 建筑的有机更新：发展配套产品

2.3.4.1 配套建设商业街

合掌村在保护乡村建筑的同时，更加注重建筑的更新利用。为更好地带动旅游产业发展，乡村增设了与本土文化相结合的旅游商业街（图5）。商业街的规划建设内容包括饮食店、小卖部、旅游纪念品店、土特产店等，都是与本地结合的具有乡土特色的商店。每个店都有自身的主要卖点，合理分布，方便游客。"白川乡合掌村落自然环境保护协会"的建筑规则在商业街中体现出了整体美的风格，店面装饰充分利用了当地的自然资源，体现了一种温馨的朴实美，其工艺性、手工趣味性吸引了大量游客的目光。旅游商店的设计布局、门面装饰都是提升景观功能的关键要素，旅游商品的开发，也是旅游观光业的重要项目之一。

2.3.4.2 开发"原乡生活"民宿

由于旅客越来越多，留宿过夜、享受农家生活的客人也随之增多。1973年前后，白川乡开始了民宿的营业项目。为迎合游客的居住习惯，对合掌屋室内做了改装，建筑外形不变，内装基本都是现代化家庭设施，配有电视、冰箱、洗衣机等家用电器，还有漱洗间设备、厨房煤气灶等。在全新的现代家庭环境中，依然保留了一些可观赏的有历史意义的农具和农村过去的乡土玩具，旅客在住宿中能感受到农村生活环境的朴实与温馨。

2.3.4.3 与企业联合建立自然环境保护基地

白川乡与日本著名企业丰田

图5 日本白川乡合掌村商业街　　徐晓东/摄

汽车制造公司联合在白川乡的僻静山间里建造了一所体验大自然的学校，2005年4月正式开学，成为以自然环境教育为主题的教育研究基地。来观赏合掌村世界遗产的人们可以来到这所学校里住宿、听课、实习、体验。一年四季都有较丰富的观赏和体验内容。在这里可以体验到城市中没有的快乐，习得保护地球自然环境的知识。

日本丰田汽车制造公司在白川乡建造的大自然学校，为白川乡旅游事业增添了一项知识性的教育内容，让人们用生态环保的眼光检视现代人的生活，用节能减排、资源再利用等各种环保措施来维护人类的自然环境，使环境更加美丽。

2.4 白川乡的成功经验与借鉴

通过研究合掌村对乡村建筑的保护与更新模式，可以看出，乡村建筑的保护是系统工程，不是光靠对房子的修缮就能达到的。日本的乡村建筑保护与更新突出的是"原乡"的保留，并以此向外延伸到产业的更新。结合中国乡村的一些特性，可以借鉴并加以利用之处主要体现在以下两个方面。

2.4.1 文化传承：将乡村特色文化变为特色文化"商品"

中国有近70万个村庄，在做乡村建筑的保护与更新时，如何能使这项工作可持续发展，值得深入探讨。笔者认为，首先要把乡村建筑当成文化，挖掘村庄的文化内涵，并对文化加以利用，使文化作为可向外输出的商品，具体做法为：

（1）挖掘：深入挖掘当地特色文化，将传统文化通过各种媒介，比如装饰、展览、体验活动等，融入村落整体环境，使单向灌输成为双向体验。

（2）打造文化IP：主动与外界进行文化交流，利用多种传媒，如通过互联网（微信、抖音等）手段，向外打造乡村自我IP，溯根求源般的探寻可以挖掘出传统文化更深层次的潜力。

（3）植根于民：力求保护以居民为主体的原真性，主动且可持续构建与创造传统的文化"记忆"。

2.4.2 乡村建筑保护和利用

乡村建筑保护与利用主要体现为以下几个方面：

（1）安全为主：乡村建筑中，有的传统建筑历经百年以上的历史，其主体结构不可能完整如初，修复前应确定主体结构是否安全，对与主体结构关系较大的构件出现的问题应予重视，在进行修复工程的初步设计时应以安全为主，不轻易以构件表面的新旧作为修复设计的主要依据。

（2）修旧如旧：乡村建筑中的传统建筑中有一部分已列为文物保护单位。文物建筑的构件本身就有文物价值，不得将原有构件任意更新，应遵循"修旧如故"的法则：能粘补加固的尽量粘补加固；能小修的不大修；尽量使用原有构件，以维修为主。

（3）层次处理：乡村建筑中的建筑新旧不一、质量有别，在进行修复工程初步设计时，针对不同对象，划分不同的层次，采取不同的处理方式。

（4）新旧协调：经修复的部位应尽量与原有风格一致。添配的材料应与原有材料质地相同、规格相同、色泽相仿。补配的纹样图案应尊重原有风格、手法、保持历史风貌。

3 结语

习近平总书记在云南调研时强调，新农村建设一定要走符合农村实际的路子，遵循乡村自身发展规律，充分体现农村特点，注意乡土味道，保留乡村风貌，留得住青山绿水，记得住乡愁。乡村社会一直是中国社会的基础。乡村建筑在人类的情感中占有重要的地位。它已经被公认为是有特征的和有魅力的社会产物。

本文梳理了国外乡村建筑保护与更新的发展进程，以及国外乡村建筑更新的理论与实践。从国外乡村建筑保护与更新特点中，可以看出，乡村建筑的保护过程是一个循序渐进和迭代发展的过程，各国对乡土建筑的保护越来越重视，因为这是本土文明的体现。

同时，通过日本合掌村对乡村建筑的保护与更新的案例研究，可以看出，乡村建筑的保护是系统性的，不是光靠修缮房子就能实现的。在保护乡村建筑的同时，更要注重文化的传承、产业的培育。只有这样，乡村建筑的保护与更新才能可持续。

参考文献

王路，1999. 农村建筑传统村落的保护与更新：德国村落更新规划的启示[J]. 建筑学报(11)：16－21.

周静敏，惠丝思，薛思雯，等，2011. 文化风景的活力蔓延：日本新农村建设的振兴潮流[J]. 建筑学报（4）：46－51.

张姗，2018. 美丽乡村建设国外经验及其启示[J]. 农业科学研究，39（1）：73－76.

松本继太，宫海智士，胡佳，等，2016. 本合掌造民居复原研究案例：白川村加须良地区旧山本家住宅[J]. 建筑遗产（3）：80-97.

田莉，2007. 我国控制性详细规划的困惑与出路：个新制度经济学的产权分析视角[J]. 城市规划，2007（1）：17-21.

WRIGHT F L, 1932. The disappearing city [M]. New York: W. F. Payson.

功能更新与业态转型

矿山特色旅游小镇的改造与研究：以陕西潼关小秦岭矿山公园为例

Construction and Renovation of Mine-based Towns: A Case Study of Shaanxi Tongguan Xiaoqinling Mining Park

文 / 杨颖华　韩永红

【摘　要】

矿产资源采掘殆尽之际，留下许多矿迹遗址，其中一些矿山遗址被开发转型为矿山公园。本文以潼关小秦岭矿山公园为例，从国内外现状、项目概述、设计理念、设计手法等方面探究了矿山特色旅游小镇再利用的手段与方法，使不可再生的重要矿业遗迹资源能得到合理保护和永续利用，对改善矿区生态地质环境、推进矿区经济可持续发展有积极意义。

【关键词】

矿山公园；旅游小镇；潼关小秦岭金矿

【作者简介】

杨颖华　西安工程大学服装与艺术设计学院硕士研究生
韩永红　西安工程大学服装与艺术设计学院环境艺术系主任、副教授

注：本文图片除标注外均由作者提供。

1 引言

工业革命以后，社会生产水平发生了质的飞跃，对作为生产原料的矿业资源的开采更是如火如荼。随着社会意识形态的转变和产业结构的调整，矿业资源几近枯竭，不仅对地表生态环境、水、空气以及地貌景观产生了巨大影响，而且被挖采的矿山失去了原有的商业价值，由此出现了越来越多的废弃场地。

工业革命之后，环境污染相关问题频发，引发了西方发达国家激烈的讨论，也逐渐引起包括我国在内的众多发展中国家的重视。随着人们观念的改变，工业遗迹不再是废弃的土地，它们经过改造形成了新型的独具特色的后工业景观，作为城市发展进程中的痕迹被保留了下来（罗蕾等，2020）。工业废弃地改造项目在国内外已有许多成功案例，从美国西雅图的煤气厂公园（图1），到德国的北杜伊斯堡景观公园（图2），从中山由造船厂改造的岐江公园到上海的辰山矿坑花园，每个项目都有具体的场地条件及挖掘潜力，提供了可充分利用的特殊资源。这类后工业景观不同于其他的主题公园，它是基于已经形成的人工工业景象重新进行的景观改造与利用，同时还具有传承矿业文化功能、科研意义、教育价值、警醒作用等，人们可以在观赏游览时得到启示并学习。将景观与人文相结合，以此实现社会效益、经济效益的统一，对城市的发展起到积极作用。矿产资源是我们人类生存发展中重要的不可或缺的不可再生资源，为了促进经济发展，对矿产资源进行无节制地开发利用对环境造成了极大的威

图1 美国西雅图的煤气厂公园　　　　　秦跃磊 / 摄

图2 德国的北杜伊斯堡景观公园　　　　　秦跃磊 / 摄

胁和污染，因此恢复矿区生态平衡，对矿山的景观进行改造再利用成为重要的论题。一些作者已对矿山公园的规划设计进行了探讨（冯文佳 等，2011；陈阳 等，2020）。

2 陕西潼关小秦岭矿山公园项目概况

2.1 项目地理区位

潼关县是陕西的东大门，是连接西北、华北、中原的咽喉要道，地理位置优越且具有战略意义，交通便捷。潼关矿产资源丰富，开发潜力大，境内金、银、铅、铁、铜、花岗岩、大理石、石墨、石英石等矿产十分丰富，有中央和地方所建金矿20余个，其中黄金采选、生产、加工已具规模，年产黄金近20万两，是全国第三产金大县，有"华夏金城"之称。

项目位于潼关县小秦岭山的矿山特色小镇旅游度假区，小秦岭山处于小秦岭山脉，山脉气候温和，降水充足，地形复杂，蕴藏了丰富的生物资源、矿物资源和景观资源。横跨陕西与河南两省，东据崤函，西临潼关，俯视黄河。该矿

山公园以展示矿业遗迹的景观为主体，将废弃的矿洞改造成旅游特色小镇，让矿山资源再次重生利用，转型为可持续发展的资源景观，由此体现矿业发展历史的内涵，具有研究价值和教育功能，是可供人们游览观赏、休闲购物、科学考察的场所。

2.2 潼关县气候和土壤植物资源

潼关属暖温带大陆性雨热同季的季风型干旱气候。南北差异大，光能资源较充足，热量和降水量偏少，时空分布不均。四季分明，冬夏长，春秋短，年平均风速3.2m/s。

潼关县境内分布有褐土、黄土、垆土、沼泽土、盐土、淤土和山地棕壤7个土类。境内植被主要有林木、草地、农作物三类，分布广泛且品种繁多，适合种植生命力顽强的华山松、白皮松、油松等。

图3 潼关小秦岭矿山

2.3 潼关小秦岭矿山现状

小秦岭矿山已经被发掘得所剩无几，但其地理位置优越，夏天凉爽，冬天银装素裹，别有一番韵味（图3），可以借助现有资源对其进行改造设计。目前，夏天已经有小部分当地居民经营着小规模的农家乐，游客在此可以吃到当地的野菜美食，同时可以避暑和欣赏美景，农家乐有时供不应求。目前前来游玩的主要是本地人，外地游客对此地知之甚少，且因为当地许多村民无固定收入来源，留在山上的人也越来越少。因此，应该扩大规模发展旅游，矿山特色小镇的建造和发展，让越来越多的人感受到了矿山的魅力，这既可以响应乡村振兴战略，又有利于带动本地经济发展，增加居民的收入。

3 小秦岭矿山特色旅游小镇主要建造特点

小秦岭矿山特色旅游小镇的基本特征是产业城市与人才文化的融合。产业是矿山特色旅游小镇的核心，发挥与培育产业优势，需要把握产业升级与产业转型的趋势，并延伸拓展优势产业链，形成特色鲜明的产业集群。文化是串联矿山旅游特色小镇生产生活的灵魂，应传承与保护矿区特有的历史文化，多方面挖掘产业的文化附加值，打造文化品牌，促进文旅融合。优美的生态环境、完备的配套服务、灵活的体制机制是矿山特色旅游小镇的支撑，可以吸引优质项目与人才，孵化集聚优质产业。通过生产、生态、生活的融合发展，创建具有鲜明特色的旅游小镇。

3.1 矿山科普教育传播

建设矿山特色旅游小镇可以培养人们学习地球知识、地质矿产知识、生物进化知识、人类起源与进化知识、探矿采矿知识以及矿业开发史（潘层林，2010）。发挥自身文化资源优势，突出文化传播、道德培养、价值观引导功能。整合矿山特色小镇资源、建立教育基地，对普通游客，尤其是对少年儿童发挥的科普教育作用尤为突出，使其从小就对我国丰富的矿产资源有一定的认识，并得到矿产资源与生态建设重要性方面的普及教育。

3.2 矿山文化保护与传承

以尊重历史、满足教育的原则，围绕地区特有的传统文化、工矿文化，对有价值的文化遗址进行保护，对地区物质与非物质的文化遗产进行保护与开发。依托文化脉络与矿区特色，设计矿山旅游特色小镇精品游线、沉浸体验、会展博览、文化衍生品等具有地区采掘业特点的独创的文旅产业。

3.3 矿山生态修复与环境提升

通过环境综合提升，实现宜居宜业宜游的生态目标。同步镇区环境提升与美丽乡村建设，包括整体格局与空间布局、废弃矿山、道路路网、街巷风貌、住区环境。按照党的十九大"构建政府为主导、企业为主体、社会组织和公众参与的环境治理体系"的要求，坚持"谁破坏、谁治理""谁修复、谁受益"原则，通过政策激励，吸引各方投入，推行市场化运作、科学化治理模式，加快推动矿山生态修复。构建"旅游、生态、研学、文创、会展、康养"发展业态，实现工旅居联动。通过"环境治理+生态复育"的方式，创建友好型生态环境。以坚持最大限度就地取材、物尽其用的原则，选择乡土植物与再生材料为主要建设材料，避免给生态环境二次造成影响，培育区域生态自我修复能力。

首先，以修复与提升环境为主要任务，在已被破坏的废弃矿山中，整改并解决矿山的安全问题和环境问题，尽可能还原山体原来的模样，植被绿化不够和废物处理不合格的尽早进行整改。

其次，以环境治理为目的，尽可能地把"绿水青山就是金山银山"的口号落到实处，在现有条件和居住环境的基础上进行提升与修复，同时加强后期管理和养护，使生态环境越来越好，吸引更多的游客，从而带动当地经济发展。

最后，在生态修复和提升环境的基础上发展矿山特色旅游小镇，吸引投资商，发展本地规范化的商业模式，从而形成产业链。

顺应"宜业、宜居、宜游"的创建要求，延续镇域原有的格局和肌理，采用"构建生态屏障、协同产城功能"的方式，将矿区和生活区有机串联起来。保护区域的传统格局与历史空间，通过对既有建筑、公共空间的治理与改造，促进镇域整体风貌协调统一。同时，提升交通、医疗、教育、商业等公共服务与市政设施的建设，融入更多城市功能，优化空间布局结构，通过提升和设置道路景观、公共家具、特色小品、口袋广场、休闲长廊等，增强小镇居民环境和对生活获得感。通过科学统筹、系统实施，打造环境秀美、设施完善、生活便捷的小镇生活圈。

4 小秦岭矿山特色旅游小镇的建设思路

矿山特色旅游小镇是以展示矿业遗迹景观为主体，体现矿业发展历史内涵，具备研究价值和教育功能，可供人们游览观赏、科学考察的特定空间旅游小镇。创建潼关小秦岭矿山特色旅游小镇不仅要解决废弃矿山带来的环境与生态问题，还要依托矿区的独特地质和历史人文资源，合理开发与挖掘其潜力资源，宜绿则绿、宜耕则耕、宜景则景、宜建则建，采取生态恢复、景观再造等多种措施，通过"生态+业态"的组合，将资源遗迹保护、文化展示、生态保育、农旅开发、专项体验等多种业态相结合，打造业态丰富的旅游景区与全域旅游示范区，构建友好型生态环境。

4.1 矿山遗迹保护与文化体验

保护与开发矿山遗迹原址，打造工业遗迹保护、工业遗址观光体验、矿区人文展示等旅游业态，这是对矿产资源的延续利用，利用废弃的矿洞还原金子从金矿挖出到成品的过程，可作为一个展示区以供游客参观，同时创造条件让游客亲力亲为，加强沉浸式体验。此外，将废弃矿洞进行修复，打造成探秘基地，配合灯光装饰，打造特色矿洞井下探秘体验。

4.2 矿山生态复育与农旅体验

对生产矿区进行生态隔离，减少粉尘、污水、废气、噪声等污染源对已进行生态修复的废弃区域的影响，实现开采与治理同步。充分利用废旧矿山用地和工业厂房，进行景观再造和功能重塑，植入大地景观、游步道等游览元素。

将矿山废弃的矿坑建成湖泊、湿地，并将废弃的洼地、盆地改造为养鱼场、垂钓园,将矿山废弃的坡地改造为林牧业基地(李星星 等,2019)。在适合开发生态农业的片区,开展精品农业、科研、展示、采摘、康养等多个产业环节并存的现代农业生产基地。同时与林业有机结合,形成多树种、多层次、多色彩、多功能的经济林木和生态农业景观效果,发展"生态景观+农旅体验"业态,设立采摘园,对现有的农家乐进行升级改造,有条件的可改造为规模化的旅游度假村。

4.3 矿山景观与专项开发利用

利用废弃矿山的矿坑、陡坡、岩体等独特的地貌特征与地质条件和水文条件,可开发打造特色瀑布、栈桥、水帘洞等特色景观,同时发展矿山特色酒店民宿,提取矿山独有的元素运用其中,也可利用陡坡建造赛车赛事基地,开展户外运动、营地教育等新兴文旅业态,以此吸引相关产业孵化与集聚。完善产业配套与地方公共需求,打造一日游或运营旅游基地,既丰富了当地居民的生活,又推动了潼关经济收入提高和旅游发展。整体上以废弃矿地整理出的宝贵土地资源为杠杆,用土地收益撬动生态修复,形成产业与生态相互促进的循环发展模式。

5 矿山特色旅游小镇整体设计

根据景区的性质和地理位置,将矿山特色旅游小镇分为以下几个区域:入口景观区、自然风景区、生态文化区、中心景观区、休闲娱乐区等。

入口景观区:针对矿产资源进行展示,供人参观与学习(图4)。建造一个整合矿产资源的博物馆,让人们来到这里后能对矿产资源等相关知识有所了解进而深入学习。同时,划分出沉浸体验区与炼金过程展示区,增加游客的参与感和体验感,相信许多人都会十分好奇金子是如何炼成的。

自然风景区:由于景区就位于秦岭山脉,上下落差较大,利用地理优势让游客有一段登山体验,同时也设有缆车,可俯瞰矿山特色小镇与秦岭山脉的自然景观,游客可以全身心放松,呼吸秦岭大自然的新鲜空气。

生态文化区:是矿山特色小镇的重点,利用天然形成的矿洞景观,大胆地进行修饰或雕琢,配上灯光,增加废弃矿洞的艺术性;可建成矿山井下探秘体验区,以合理利用资源并有效地降低项目成本。矿洞外可改造为休闲公园,围绕矿石元素设计景观小品、游览长廊等,供游客休憩(图5)。

中心景观区:利用废弃矿洞的塌陷区形成的矿坑,蓄水成天然的湖泊,积水对岩石有溶解作用,水的颜色会渐渐变成翡翠色、湛蓝色,造就碧水、峭壁、深潭的奇妙景色。用山体的落差可形成瀑布,绿水青山简略而有层次,粗犷而有味道,大气而有野性,与大自然融为一体。与此同时,休闲娱乐区可发展周边产业,游客在游玩的同时也可放松身心,品尝潼关的美食特色,如肉夹馍等,带动潼关经济发

图4 小秦岭矿山概念设计图

图5 小秦岭矿山生态文化区概念设计图

展。建造矿山特色民宿，打造休闲放松的周末游，让游客在享受大自然的同时也可以体验大自然。

6 矿山特色旅游小镇改造的意义

矿山特色旅游小镇的地址在小秦岭的安乐镇方向，它的改造响应了党的十九大报告中提出的乡村振兴战略，坚持农业农村优先发展，按照产业兴旺、生态宜居、乡风文明、治理有效、生活富裕的总要求，建立健全城乡融合发展体制机制和政策体系，统筹推进农村经济建设、政治建设、文化建设、社会建设、生态文明建设和党的建设，加快推进乡村治理体系和治理能力现代化，加快推进农业农村现代化，走中国特色社会主义乡村振兴道路，让农业成为有奔头的产业，让农民成为有吸引力的职业，让农村成为安居乐业的美丽家园。

随着经济发展得越来越快，留在潼关的年轻人口已经越来越少了，而矿山特色旅游小镇的建设提供了大量的就业岗位，为更多的当地人提供了岗位，让他们不用再去外地务工，当地的就业机会多了，解决了就业这一大难题，同时，各地游客的进入，增加了当地人与外地人的接触和交往，促进了相互间的文化交流，人们扩大了视野，提高了文化素养，进而也推动了潼关的发展。

潼关目前正处于资源型城市转型阶段，近几年也大大发展了旅游产业，有许多的旅游项目，如潼关古城、杨震廉政博物馆、黄河风景区、佛头山、东山、潼关古渡坊景区、黄河湿地公园、秦王寨马趵泉、潼关首饰街等，还有远近闻名的潼关肉夹馍，形成了"潼关一日游"，已有初步成效，还需要再继续往旅游城市的方向发展。为了增强游客在潼关的体验感和吸引更多的回头客，就需要有更多、更有特色的旅游景点。

潼关是产矿大县，因此研究矿山特色旅游小镇建设具有非常重要的意义。矿山旅游特色小镇的存在和兴起就可以大大为其助力，既响应潼关矿山的名声，又顺应资源转型与乡村振兴战略的发展趋势，并且矿山主题公园在国内也非常罕见，这就是一个很有特色的景点，应该把它的资源整合优化，最大限度地开发利用。

此外，现今矿产资源枯竭，应根据采掘情况与地质条件进行分期治理、修复、开发，培育矿区后生命周期产业业态，同步实现旧产业腾退与新产业培育。根据采矿产业的发展特点，通过文中提到的多种措施打造多方面多业态的旅游景区。在以保护矿产资源为前提的情况下，利用现有资源进行修复改造，引入多方技术，打造规模化的、有特色的矿山旅游小镇，最终形成"资源开采、修复保护、产业更新、循环利用"的土地利用机制，让废旧矿山焕发风采，推动矿山全生命周期高质量循环发展，让废弃矿山变身金山银山，为资源型地区的经济转型发展提供新动力。

参考文献

陈阳,潘宏,张燕青,等,2020. 美丽乡村景观规划探析：以屏南县小梨洋村为例[J]. 现代农业科技(17)：263–265.

冯文佳,土先杰,魏姿,2011. 矿山公园设计之保留与改造[J]. 北京农学院学报,26(3)：66–69.

罗蕾,赵慧宁,娄轩齐,2020. 矿山公园的景观改造再利用：以南京汤山矿坑公园为例[J]. 美与时代(城市版)(4)：73–74.

李星星,纪书锦,丁力,2019. "城市双修"背景下废弃矿山环境综合治理实践：以镇江船山矿区为例[C]. 2019城市发展与规划论文集,974–979.

潘层林,2010. 福建寿山国家矿山公园景观资源开发利用和保护的研究[D]. 福州：福建农林大学.

基于旅游产业发展的豫中传统聚落空间更新及活化利用研究

Tourism-driven Renewal and Revitalization of Rural Settlements in Central Henan

文 / 王小斌　许靖一

【摘　要】

随着旅游业的发展，近年来，河南省开始重视传统聚落的改造和利用。节假日期间旅游出行成为国人休闲娱乐的主要方式，旅游业在城市建设发展中起着非常重要的作用。与此同时，国家也在大力推动全域旅游的发展，党的十九大提出了乡村振兴战略，在此背景下，河南省积极持续发展乡村旅游，许多传统聚落悄然发生了改变。本文以豫中地区传统聚落为研究对象，以调研获取的一手资料为支撑，针对豫中地区总结了其基于旅游产业的传统聚落更新活化理论，并对传统聚落空间提出更新利用设计策略与途径。

【关键词】

传统聚落；旅游发展；空间更新

【作者简介】

王小斌　北方工业大学建筑与艺术学院教授

许靖一　北方工业大学建筑与艺术学院硕士研究生，机械工业第六设计研究院有限公司建筑师

注：本文图片除标注外均由作者自绘。

1 引言

在全域旅游背景下，特色小镇建设进行得如火如荼。旅游业作为世界上最大的产业之一，在城市建设发展中起着至关重要的作用。党的十九大报告中提出了乡村振兴战略，要坚持优先发展农业农村，按照"产业兴旺、生态宜居、乡风文明、治理有效、生活富裕"的总要求，一般要求建立和完善城乡一体化发展体系和政策体系，推进农业农村现代化的加速发展，积极推动乡村建设的发展。在此背景下，豫中传统聚落的旅游发展也搭上了"顺风车"。本文从建筑文化、历史文化、艺术以及技术等层面探究豫中传统聚落的空间更新利用情况，研究其文化内涵，得出其旅游价值和意义。传统聚落空间更新利用与聚落旅游的协调发展是该文重点讨论的内容，分析豫中传统聚落更新改造后的使用状况，反思聚落更新改造中存在的问题，使聚落旅游资源的发展趋向更合理的方向。同时通过旅游带动聚落经济增长，也符合国家精准扶贫的政策。

传统聚落的保护与发展是当前最热门的话题之一，本论文结合豫中地区研究，基于旅游产业发展，探索传统聚落未来的发展方向，提供地域性发展的新思路——不仅是保护传统聚落，也通过传统聚落民居与公共建筑空间更新，体现当地文化的传承与创新。本文综合评价豫中地区旅游发展现状，分析传统民居的空间使用变化，揭示其不合理之处，对其进行优化设计改造，从而复兴聚落整体建筑及景观风貌特色，探索传统聚落空间更新的可能性，促进旅游产业的发展，改善传统聚落的整体风格，带动传统聚落经济水平整体上升。

2 豫中地区传统聚落旅游开发的可行性调研

豫中是河南省的一级行政区，作为河南省最发达的地区之一，传统聚落旅游发展有着巨大的优势。2018年9月9日，在第一届世界旅游联盟湘湖对话会议上，世界旅游联盟和中国旅游研究院联合发布了《旅游促进减贫：全球进程与时代诉求》全球旅游减贫报告，近年来，河南省文化和旅游厅将全球旅游业作为全省旅游业发展的重点，并且已全面发展旅游业，从一个点到一个点，从一个景区到整个地区。

2.1 豫中地区传统聚落旅游发展资源分析

豫中地区传统聚落众多，有良好的聚落旅游资源。豫中地区交通便捷、资源丰富，区域内拥有京广铁路、陇海铁路、京广客运专线等；豫中地区历史文化悠久，旅游资源丰富，拥有国家AAAAA级旅游景区2处，国家AAAA级旅游景区9处。众多的优势资源将使豫中地区传统聚落旅游的发展迈入快车道。

豫中地区也有非常多历史文化浓厚的乡村聚落，总体分布状况可分为依托城市近郊型、历史文化积淀深厚的传统聚落型（包括历史文化名镇、名村）以及交通偏远型。城市近郊型聚落交通便利，经济实力较强；传统聚落型则缺少区位和经济基础优势；交通偏远型聚落经济实力偏差，但生态环境保存得较好。本文重点实地调研分析研究豫中典型的历史文化积淀深厚的传统聚落。

2.2 豫中地区三个传统聚落的发展条件

本文围绕豫中地区三个传统聚落——临沣寨、神垕古镇大街和冢头镇西大街进行分析。

2.2.1 临沣寨

临沣寨位于平顶山郏县以南约13km处，是一个古老的聚落。临沣寨地势低洼，寨墙起到了很好的防洪左右，因防汛需要，临沣寨才在20世纪50年代逃过了拆除的命运，被

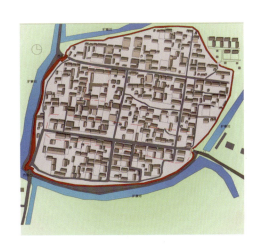

图1 临沣寨分布图

"特批"保存了下来(图1)。与红石寨墙遗存具有相似重要历史价值的是遗存众多的明清古民居,其中朱氏三兄弟的宅院(图2)尤为突出,宅院坚固而又朴实无华。

2.2.2 神垕古镇大街

神垕古镇隶属河南省禹州市,位于禹州市西南部。古有"进入神垕山,七里长街观。七十二窑,烟花覆盖天空。客商遍地走,日进斗金钱"的诗句。神垕古镇被授予"中国钧瓷之都""中国历史文化名镇""中国唯一活着的古镇"称号。2016年10月,它被选为首批具有中国特色的城镇。2017年正式挂牌,被评为国家AAAA级旅游景区,神垕古镇大街两边古民居建筑依地势而造,村落内有完整保存的天保寨、陶瓷官署等一大批古建筑(图3)。七里长街依然留存着当年的风貌肌理,是保存钧瓷文化记忆不可或缺的空间。它以传统的神灵文化作为展览的基础,开展歌剧表演、美食嘉年华、陶瓷官方拍卖等活动。

2.2.3 冢头镇西大街

冢头镇一直被人称为"小上海",许多著名的历史人物都出自冢头镇,现在镇内还有许多保存完好的明清时期的古建筑(图4),有被称作"河南第一桥"的兰河七孔石桥,有建于明万历年间的解学士故宅,还有刘斯和故宅与秦都司故宅。2007年,冢头镇被河南省住建厅命名为"中州名镇";又在2008年获得"民间艺术之乡"的美称,河南省住建厅将冢头镇命名为"河南省历史文化名镇"。如专家迈克尔·哈夫(2011)所言:"多元文化主义正在重塑现代城市的物理及文化特征。不同民族的传统渗透到了街头市场、居住区、小

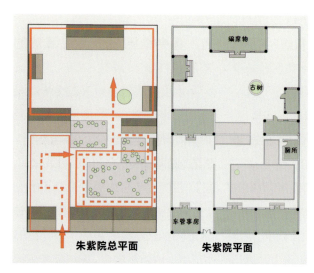

图2 朱紫院平面图

图3 神垕古镇大街分布图

图4 冢头镇西大街现状

王小斌/摄

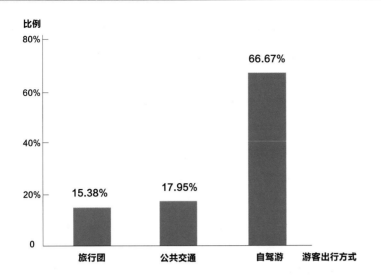

图5 传统聚落旅游的游客出行方式

型手工业作坊和饭馆等地方,丰富了城市的邻里特征。"这些历史建筑、桥梁、故居老宅都会为特色聚落和历史街区添彩。

2.3 豫中地区聚落旅游发展的条件分析

传统聚落旅游的发展离不开政府的政策引导。豫中地区传统聚落历史悠久,文化内涵丰富,政府也密切关注豫中传统聚落的发展,怎样挖掘豫中地区传统聚落的价值,对传统聚落的空间进行更新利用,保护好聚落的建筑文化价值,同时使其更好地满足豫中地区传统旅游开展的需要,这些都值得进行深入探讨研究。

作者采用问卷调查的方式对豫中地区居民的聚落旅游现状和居民的出游方式等进行了调研分析,受访者包含游客(范围广、年龄段差距大)以及当地居民。

(1)从旅游的出行方式(图5)来看:18%的游客选择公共交通出行;66.67%的游客的出行会选择自驾游;距离旅游目的地较远时,游客则会选择更加便捷的跟随旅行团。

(2)从旅游类型倾向来看:48.72%会选择风景区较好的聚落去游玩,还有25.64%的游客会选择风俗民情比较独特的乡村聚落;除此之外,35.9%的游客偏爱含有农家乐等的休闲旅游,有43.59%的游客会选择休闲旅游;只有7.69%的游客会选择以度假疗养为主的乡村旅游。

(3)从旅游需求和动机来看:生活节奏加快,休闲时间增多,人们向往自然、乡土、慢生活,有亲近新环境以及亲人互动的需要,是聚落旅游成为人们旅游出行目的地非常重要的一个原因。同时,人们出行次数的增多,使越来越多的游客对旅游产品的类型和服务质量有了更高的要求,游客们不再满足于单一的观光旅游方式,更加注重在旅游过程中有多样化体验。

(4)从当地居民的改造意愿来看:大多数居民都给予积极回应,希望能够以旅游发展为基础来改造村内建筑空间。

3 豫中传统聚落空间现存的问题及更新利用改造策略

豫中乡村传统聚落的基础设施以及整体风貌有较严重的衰老损坏,院落的景观及民居建筑也年久失修,缺少卫生间等基本旅游服务设施,面对旅游产业的可持续发展,豫中传统聚落的空间更新需要做长远考虑,本文结合专业技术特点,在以下方面进行较深入分析。

3.1 聚落空间的现存问题

调研的三个乡村聚落中,其发展阶段呈递进式,冢头镇属于被列入国家保护但并未进行开发的村镇;临沣寨已经开始进行民居的保护与改造,旅游发展并未全面开展,而最完善的神垕古镇老街在2017年挂牌并且被国家评为ＡＡＡＡ级景区。三个聚落的现状也体现了发展旅游的传统聚落要经历的不同阶段,同时,我们也发现各个聚落在其发展过程中存在一些问题:①村庄规划不够系统;②村内存在一定数量的危旧房;③主道路绿化和配置单一,两侧建筑的外观有些破旧;④村内基础配套设施不够完善;⑤村内道路破旧,两侧的景观单调,缺少公共绿化与休闲空间;⑥河道污染,河岸环境脏乱,缺少栏杆等安全设施;⑦村内现存建筑院落、庭院环境较差,需要整合。

所以,传统聚落的空间更新改造应该包含聚落外围空间改造、聚落内部空间改造、聚落基础设施改造和聚落旅游服务设施改造完善等多个方面。

3.2 聚落外围空间改造策略

聚落外围空间改造策略应在维持聚落原有肌理的前提下，将聚落外围的空间元素进行整合，在创造的过程当中应该与聚落原有的传统风貌相协调。保护好聚落中最具有代表性的旅游资源，满足旅游开发的需求。

3.3 聚落内部空间改造策略

聚落的内部空间改造主要包括聚落民居的保护与改造，聚落中的街巷空间、院落空间、广场空间等节点的改造。

（1）民居的保护与改造：主要以村民自住为主，应进行统一的规划，空间功能满足当代人生活需求，对传统的院落空间功能进行整合。

（2）聚落街巷空间：是空间的重要组成部分，也是游客游玩的主要场所之一，联系着聚落中的其他空间。可以从街巷沿街界面、街巷空间尺度、街巷的整体格局等方面对聚落街巷空间进行整治。

（3）聚落广场空间：广场的尺度，其大小由聚落的格局和性质决定，除了满足当地居民日常生活交流的需求之外，也要具备向游客展示当地民俗风情的功能。

3.4 聚落旅游服务设施改造

聚落公共服务设施方面，集中改造，明确区分旅游服务功能，规范旅游空间的格局。例如神垕古镇古街的规划设计，整条街道规划整齐，但是笔者发现很多游客因游线过长感到疲劳，经常"席地而坐"以缓解疲劳。游客自发的行为说明古街在规划时考虑得不够人性化。交通及配套服务设施如休息座椅、停车场的选址应按照易进易出的原则，在设计上应按照生态第一的准则，避免影响当地居民的正常生活。

3.5 聚落基础设施改造

基础设施的落后会阻碍聚落旅游的发展，根据聚落自身的发展要求和旅游发展的速度，应优化基础设施，改善居民的生活水平，为聚落旅游发展奠定基础，主要包括增加改建公共卫生间、合理放置垃圾箱、优化夜间道路照明等。

4 豫中传统聚落空间更新利用改造实践

4.1 概况

冢头镇在河南省郏县，许（昌）洛（阳）古道与郑（州）南（杨）高速公路交叉口，冢头镇自古以来就是中原腹地，商人聚集于此，商业发达。2007年河南省建设厅命名冢头镇为"中州名镇"；2010年，住建部将冢头镇评为"中国历史文化名镇"。

4.2 旅游资源分析

冢头镇的中心是西寨村、东街村、北街村三个聚落，其中西寨村大街是冢头镇最著名的一个地方，古镇积淀的2000多年历史的精华，都可以在这条大街上体现出来。镇内现有明清时期保存完好的古建筑，聚落文化以及建筑遗产资源丰富，包括兰河七孔桥、西寨"小上海"、解学士故宅、刘斯和故宅、秦都司故宅、茶食文化和铜器舞等。

4.3 聚落空间改造策略

聚落空间的改造需要以解决聚落现存的问题为出发点，冢头镇凭借自身的优势，根据聚落现状，可以发展成以西寨村、东街村、北街村为中心的旅游小镇，并向外辐射，将周边旅游资源空间联系起来，形成一个群体。以西寨村为改造试点，西寨村的规划要有前瞻性，形成旅游资源，可持续地吸引游客。

4.4 总体规划设计构想

根据聚落规划的总体策略，对西寨村进行基础设施改造，主道路宽6~8m，次级道路宽3.5~4m，并统一增设路灯；设置停车场；在聚落内部定点投放垃圾箱；改建卫生间；改善聚落整体绿化环境；设计广场空间，提供宜人的户外场所；商业街整体改造外立面，统一风格，正如刘沛林（2014）提出的"一个传统聚落或传统民居的立面图谱往往是反映区内景观差异、揭示景观基因变异的重要途径"；同时设计改造游客接待中心，对西寨村进行整体旅游规划，以商业街为一条轴线，连接周边的组团互动，形成一个整体、连续、流动的空间，包括文化展示区、乡村美食区、休闲娱乐区、商业街、农场体验等几个分区（图6）。

4.5 节点改造

选取西寨村几个点（图7）尝试进行节点改造，包括基础设施、广场空间、商业街、游客接待中心、民宿、茶文化展示区等（图8）。

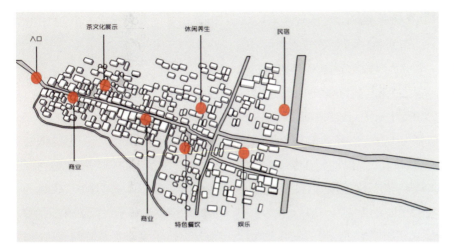

图 6 西寨村节点改造

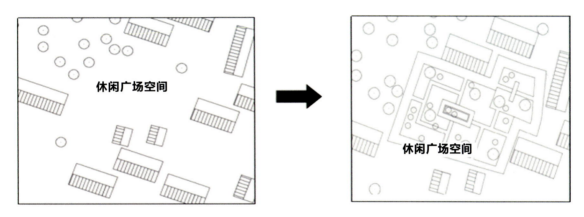

图 7 西寨村休闲广场改造

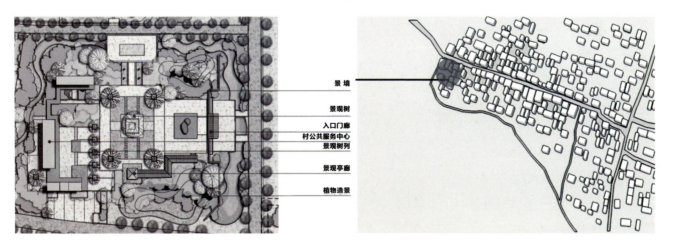

图 8 西寨村公共服务中心广场空间

4.5.1 基础设施

西寨村目前的基础设施已基本建设完善，但为了满足将来十年甚至更长远发展的需要，需要在改造的同时对各自的基础设施进行完善，拓宽主道路、修整次级道路和支路，并在此架设路灯，道路铺装材料可以使用冢头镇当地石材；对部分空间进行无障碍设计；全村进行"厕所革命"，新建公共卫生间，并对原民居厕所进行无公害改造；全村采取污水和雨水分流的方式，保证聚落的饮水安全；垃圾分类处理，保护聚落的自然环境；在聚落入口设计停车场，实现人车分流，并在西大街入口处设计一临时停车点，为自驾游游客提供临时停车的地方。

4.5.2 广场空间

聚落的广场设计区别于城市广场，聚落广场尺度不大，改造为分散式组合分布的小广场，例如，给游客提供旅游接待服务的接待中心的广场（图9）；为展示冢头镇的特色乡土文化，设计茶文化广场空间。在聚落西大街的入口附近设置广场，不仅给当地居民提供休闲娱乐之地，也可以作为从外部向西大街商业街过渡的公共空间，让自驾游前来旅游的游客融入自然环境，提前感受聚落的乡村文化氛围。

4.5.3 商业街

西寨村西大街是一条完整的商业街，曾经被称为"小上海"，西大街自西向东，街道完整，两边建筑均为两层，但由于年久失修，大部分建筑只有一层在承担商店的功能，二层几乎闲置，建筑质量较差，并且沿街立面各种招牌林立，非常混乱。在改造时，首先要拆除这些混乱的招牌，做成风格有策划定位的招牌；修缮两边建筑，使用相同的建筑材料，统一商业街道立面风格，在街道两边做相应的绿化空间，提升商业街整体的公共建筑与居住建筑空间风貌（图10）。

4.5.4 民宿

西寨村民居空间改造成民宿的主要分为两种。一种是沿旅游线路的院落式民宿。质量较好的，以原建筑风貌形态为主，改变内部空间结构；质量较差的，选择性地在原地重建与周边风格类似的新建筑。另一种是沿商业街分布的，为了更好地满足旅游接待的需要，一层用作商业功能，二层用作住宿，形成家庭式旅馆以接待游客。

4.5.5 茶文化基地以及亲子农场

冢头镇有丰富的水资源，兰河、肖河、灰河、马皇河4条河流贯穿全镇，其中兰河水清凉、甘甜，用兰河水煮制的茶水饮后唇齿留香，在改造时，改造部分民居为茶文化基地。在改造中打造浸入式、体验式的消费空间，如亲子农场，可以巧妙地把生产、加工、销售和观光体验结合在一起，形成一个可循环的商业模式，为聚落旅游的发展提供一个新的值得探索的方向。

5 结语

随着国内城市化进程的加快，人们对生活的要求越来越高，党的十九大提出了"乡村振兴"战略，使聚落旅游发展有了一个最好的时机，但是以旅游发展为基础的聚落空间更新改造应该注意一些问题：一是要制定好旅游产业发展战略，形成一整套的产业发展规划，重点构建旅游产业体系，发挥传统旅游产业的作用；二是全面梳理旅游资源，进行价值评价，围绕这些资源，进行产品设计、业态设计及旅游产业的功能布局，形成吸引游客前来的核心要素；三是在这些基础上，根据功能布局的需求，对聚落进行统一的风貌规划；四是在做建筑空间的更新利用改造

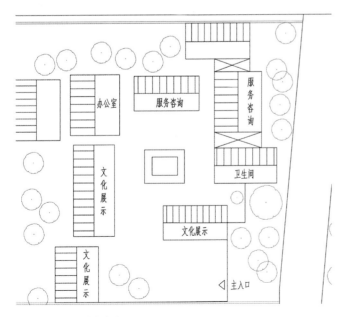

图9 西寨村旅游接待中心

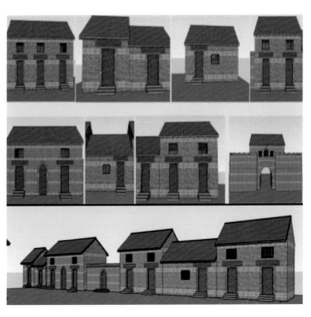

图10 商业街立面

时,充分尊重使用者的意愿,根据他们的生活方式对建筑进行重新布局,立面风格也要在考虑周边环境、不破坏整体风格的基础上进行。

豫中地区的传统聚落旅游开发正处于起步阶段,但是有充足的旅游资源和政策支持,应该抓住机遇,实现旅游业的可持续发展。

基金资助

教育部人文社会科学研究项目资助(编号:17YJAZH084)("基于文化形貌理论的乡镇公共建筑空间与环境设计综合策略研究")

参考文献

哈夫,2011.城市与自然过程:迈向可持续性的基础[M].柳海龙,贾丽奇,赵智聪,等,译.北京:中国建筑工业出版社.

刘沛林,2014.家园的景观与基因[M].北京:商务印书馆.

"三生"融合视角下乡村产业发展模式与策略探究：以山东省枣庄市独古城村为例

An Exploratory Study on Rural Tourism Development Mode and Strategy from the Perspective of Industry-living-ecology Integration: A Case Study of Dugucheng Village in Zaozhuang, Shandong

文 / 赵 铭　赵之枫

【摘　要】

休闲农业和乡村旅游的发展是促进经济循环和健康发展的重大举措。本文通过实地调研访谈等方式分析独古城村经济生产、文化生活、自然生态方面的现状问题，把握村落发展缺陷，确定村落进行"三生"融合发展的主题方向，建立"三生"交融产业发展线路，保障村落资源要素有效连接，促进村落建立"三生"融合的传统村落旅游发展体系，并从四个方面提出发展策略以促进独古城村产业模式转型，为同类型村庄提供经验借鉴。

【关键词】

乡村旅游；产业转型；传统村落；山东枣庄

【作者简介】

赵　铭　北京工业大学城市建设学部硕士研究生

赵之枫　北京工业大学城市建设学部教授

注：本文图片除标注外均由作者自绘。

1 引言

2021年初，中共中央、国务院发布中央一号文件，提出要依托乡村特色优势资源，打造农业全产业链，让农民分享产业增值收益，加快健全现代农业全产业链标准体系，开发休闲农业和乡村旅游精品线路，完善配套设施，推进农村第一、第二、第三产业融合发展园区建设。随着产业转型的推进，乡村地区急需摆脱产业链条脱节、低质低效发展的状态，因地制宜，发挥本地特色促进乡村产业发展模式转型对于推进农业农村现代化，构建现代农业产业体系有着重要意义（中共中央、国务院，2018）。本文希望通过梳理山东省枣庄市独古城村的现状特征，以三生融合的视角提出村落产业转型发展思路，以期为同类型村落发展提供经验借鉴。

2 发展背景解读

2.1 乡村旅游融合化、特色化发展

乡村旅游作为我国旅游热点领域之一，近年来，民宿、特色小镇、乡村休闲地产投资增长迅速。截至目前，乡村地区已成为城市居民休闲、旅游和旅居的重要目的地。2012—2019年我国休闲农业与乡村旅游人数不断增加（受疫情影响，2020数据不具备参考价值）（图1）。《2020年中国乡村旅游发展现状及旅游用户分析报告》发布的数据显示，受旅游人数不断增加和乡村旅游热情不断高涨等因素的影响，我国休闲农业与乡村旅游收入不断增加。

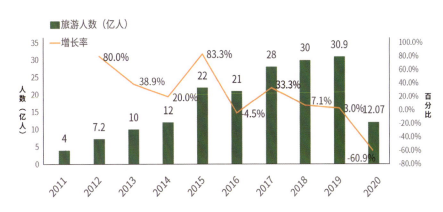

图1 近年中国休闲农业与乡村旅游接待人数及增长率　　　　　　　　　　图片来源：艾媒咨询

目前，乡村旅游整体趋势已由农家乐向观光、休闲、度假复合型转变，随着人们消费的提升及个性化需求的增加，乡村旅游逐渐向多样化、融合化和个性化方向发展。乡村旅游开始注重追求产品的特色化、规模化、品牌化。旅游竞争压力增大，要把乡村旅游事业做大做强，必须高起点高定位，采取错位竞争的策略。

2.2 山东乡村振兴"三生三美"新机遇

《山东省乡村振兴战略规划（2018—2022年）》对山东实施乡村振兴战略作出总体设计和阶段谋划，提出建立健全城乡融合发展体制机制和政策体系，全力推动乡村产业振兴、人才振兴、文化振兴、生态振兴、组织振兴，推动乡村振兴健康有序进行，加快推进乡村治理体系和治理能力现代化，加快推进农业农村现代化，打造生产美产业强、生态美环境优、生活美家园好"三生三美"融合发展的乡村振兴齐鲁样板。

2.3 周边区域乡村旅游发展态势良好

枣庄市级层面上，政府着力推动旅游新业态发展，实施"文化+""旅游+"工程，促进旅游产业转型升级，培育旅游新动能；山亭区层面上，倡导与休闲农业、旅游产品开发相结合，发展农业旅游示范点、精品采摘园、家庭农场等旅游项目，利用"公司+合作社+农户"的发展模式创新，积极推进乡村旅游扶贫工作。所以，以独古城村等为例的古村落、古民居无论是在山水格局、规划结构上，还是在平面及空间处理、建筑艺术上都体现了鲜明的地方特色，它们是枣庄人民聪明才智的结晶，是先民留给后人的一份极其宝贵的文化遗产，闪耀着浓郁的人文地域色彩。在现有资源下，山亭区周边古村落正依托区域良好的旅游发展形势，开始向着乡村旅游融合化、特色化发展。

3 独古城村现状概述及发展困境

3.1 研究区概况

独古城村位于山东省枣庄市，距滕州市22km，距山亭区17km，距枣庄市区、薛城新区约47km，区位条件良好（图2）。独古城村是市级美丽乡村示范村、2015年乡村连片治理项目村，曾被列入国家级传统村落备选名单，为今后助推传统村落的保护与发展旅游事业奠定了坚实基础。

独古城村所在的冯卯镇位于滕州平原和沂蒙山区的结合部，东部、北部是山区，西南部是平原，岩马水库位于冯卯镇中心地带，形成了"山区水乡"的独特地理风貌和旅游特色。支柱产业为旅游业、经济林果、条编工艺等。村落内部拥有岩马夕照、旱海石林（图3）、砂石特色民居、独孤城遗址等诸多物质及相关非物质文化遗产。

3.2 独古城村发展困境

2021年，独古城村被推介为中国美丽休闲乡村。村落通过举办乡村旅游文化节等活动，吸引游客前来观光游、体验游、采摘游，并探索"闲置小院复活计划"，利用征收、租赁、共享、股份等方式整合闲置院落（图4），努力营造产业与文化相融合的良性发展氛围，但目前村落发展仍存在诸多问题。

3.2.1 产业动力不足，潜力巨大

村庄产业发展尚处于初始阶段，第一产业以林果种植为主，缺乏产品加工、林果采摘等上游产业，生产基础设施薄弱，缺乏生产、保鲜等设施。果蔬生产组织方式落后，经营主体整体规模较小、经营分散。第一、第二、第三产业融合发展较差，第一产业规模化程度低，第二产业发展滞后，农业与博览、文化、文创、休闲综合发展的多重功能融合产业集群尚需整合和完善（图5）。

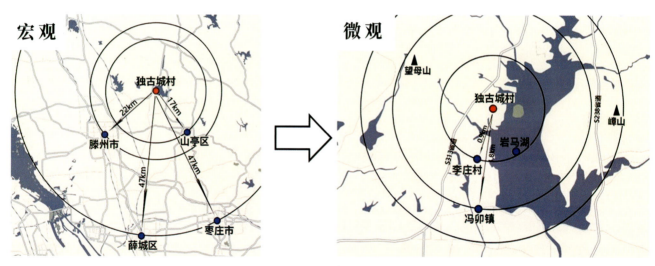

图2 独古城村区位分析

图3 独古城村北侧旱海石林景观

图4 独古城村砂石民居小院

图5 独古城村产业发展趋势分析

图6 独古城村生活要素联动意向分析

3.2.2 生活供需欠缺，管理不善

村落生活要素层面主要涉及建筑空间、部分生活类非物质文化遗产、基础设施和村庄管理等方面（荣玥芳 等，2020）。独古城村居住空间环境状况急需改善，建筑风貌极为不协调。民宿产品是从村民生活要素中提取整合出来的，鲁南传统砂岩特色民居、村庄生活环境、文化习俗都是独古城村民宿产品的组成部分。随着村落旅游产业进一步开发，村庄对于民宿产品有较大需求量，民宿资源供需失衡。非物质文化遗产难以传承，后继无人，同时基础设施的共用与分治均有待于改善。管理方面，协调政府、村庄自治组织、村民、游客等多类利益主体的主动性共治共享还有待加强（图6）。

3.2.3 生态基底优越，缺乏联动

独古城村生态本底较好，旱海石林、岩马湖（图7）等自然环境和特色砂石民居、林果田园等人工环境交融在一起，对"生产—生活—生态"融合起到了积极的促进作用（图8）。但普遍存在各景点各项基础设施覆盖度低，主体景点及重要节点尚需整治完善的问题（曾鹏 等，2019）。如林果田园区缺乏游览步道、广场小品等设施，不易于亲近自然。虽然村落自然生态环境包围了村落，但相互联系较少，制约了游客游览和村落开发。

3.2.4 SWOT分析

独古城村村落文化价值高，拥有独特的历史风貌与自然格局，历史文化悠久，发展潜力大，但原真性留存及文化断层、重局部轻整体等问题凸显（表1）。

图 7 独古城村东侧岩马湖景观

图 8 独古城村生态环境分析

4 "三生"融合发展模式分析

4.1 村落产业转型模式分析

通过充分分析村落经济生产、文化生活、自然生态等方面的现状问题，把握村落"三生"本底资源优越、历史遗存众多、主导产业明确等优势，并明确产业体系、基础设施等劣势，确定村落"三生"融合发展的主题方向。近年来有众多学者对村落"三生"融合发展进行了深入研究。曾鹏等（2019）全面分析了京津冀地区乡村发展问题，以镇域为基本单元融合"三生"发展理念，从基底、节点、联系三方面进行网络化组织联系，促进村庄发展；贾丽等（2020）从"三生"融合视角出发，从生产、生活、生态三个角度提出皖南地区特色小镇建设路径；黄佳（2020）以芦浦村为例，阐述生产、生活、生态三者如何有机结合、互为因果、和谐发展。本文从村落的生产、生活、生态空间入手，梳理资源要素的空间位置、地位等影响因素，建立服务于周边城市居民的"三生"主题游览线路，保障村落资源要素的有效连接，促进产业融合、特色传承（图9），推动村落建立"三生"融合的传统村落旅游发展体系（刘奔腾 等，2020）。

表 1 独古城村 SWOT 分析

优势 (strengths)	劣势 (weakness)	机会 (opportunities)	威胁 (threats)
①山水林田湖草相互融合，自然生态环境优越； ②民风淳朴、传统民居占比大，非物质文化遗产内涵丰富； ③产业定位明确，宣传发展重点以本村为主，发展潜力大	①生态要素联系不紧密，散状分布； ②遗存保护意识淡漠，破坏现象严重，原真性缺失； ③旅游开发初步阶段，基础保障不足，与周边资源联动较差	①村庄定位明确，政府及社会组织都在积极融入； ②村庄活动影响力加强，宣传渠道在不断扩大； ③国家对生态及传统村落重视程度加强	①村庄开发易破坏生态，打破原有自然景观环境； ②重局部轻整体现象突出，缺乏对村庄整体格局的考虑； ③周边各村落争相发展，同质化严重，缺乏区域协调

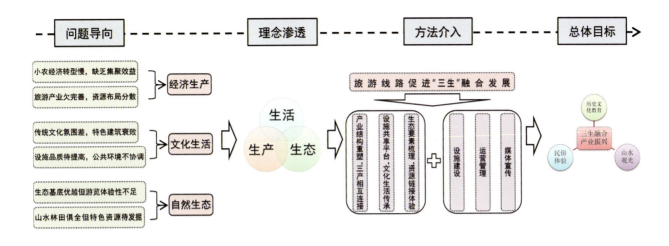

图9 "三生"融合发展模式搭建

a. 村落生产要素分布

b. 村落生活要素分布

c. 村落生态要素分布

图10 村落"三生"要素分布图

4.2 村落"三生"要素梳理

村落经济水平很大程度上取决于自身产业发展状况。村落生产层面主要包括两个方面：一是现有自然村之间的林果种植区，其延伸产业包括果树种植和采摘；二是村落原有的非物质文化遗产传承，包括黑陶制作、条编手工作坊、农耕体验、传统铁匠铺等。这些功能大多零散分布在村庄内部（如图10-a），缺乏梳理整合。

村落生活层面要素梳理涉及传统民居、历史建筑、特色民宿以及非物质文化遗产等诸多方面（如图10-b）。传统民居位于两个自然村的核心地带，以鲁南传统砂石建筑为主，适于发展民宿旅游和主题体验；现有民宿散落于村落各处，多为自发改造；手工织网体验、民俗技艺曲艺、节日集会活动等文化遗产也是村民生活的具体体现，通过梳理，可以明确村庄发展特色和吸引力，提升村民的归属感和本地的文化活力。

生态是村庄发展的本底。独古城村生态资源优越，山水格局、地形地貌等都是村庄发展倚重的优势资源。村落旁的旱海石林景观呈现出半包围的姿态，将村落的西侧和北侧包围起来；村落东侧的岩马湖碧波荡漾、青山倒映，更有独特的岩马夕照景观，是枣庄市著名的八大景观之一。村落之间的林果田园也能为村庄提供独特的人工生态景观（如图10-c）。三者相互作用，形成了"山区水乡"的独特地理风貌和旅游特色。

4.3 "三生"融合规划路径探索

4.3.1 生产线路促进产业融合是根本

（1）产业结构梳理重构

对独古城村的产业要素进行了解和梳理，确定村落产业发展的两大方向。首先是现代产业方面，村庄原有第一产业为林果种植业，应积极改变种植模式，变传统小农经济为规模种植。积极统筹管理村内林果用地，形成集聚效益；进一步增加农产品加工、水果采摘等前后端产业，利用乡村旅游平台推广产品，实现第一、第二、第三产业融合发展。其次，黑陶制作、条编手工等村庄传统产业需要改变定位，由第二产业向手工体验等第三产业转变，丰富村内旅游文化体验，提升村庄内涵。进一步加强文化节点的开发与利用，引导旅游线路建立，以生产旅游线路串联各生产要素及第一、第二、第三产业，促进各资源点整合，打造以休闲农业和非遗文化体验为主的村落生产体系，促进村落塑造休闲农业和乡村旅游全力发展。

（2）产业链条延伸完善

梳理村落发展现有产业体系，促进第一产业优质高效发展；第二产业提升促进，以完善产业体系为主，服务于村落旅游；第三产业促进特色提升，充分发挥本地自然和丰富的非遗优势，打造特色旅游产品及服务。第一产业方面丰富田园景观，增加观景平台、活动草坪等旅游服务设施；促进非遗手工文化向产品体验方向进一步转化，提升村落特色，增加吸引力和村落内生动力。

（3）服务管理共建共享

为发挥产业集聚的优势，北京、浙江等地区等农业合作社经济都体现出了优势，鲁南地区乡村发展需要借鉴发达地区的经验，积极组织建立村民合作社等自治组织，成立林果发展合作社、政企旅游文化公司等进行企业化运营。统筹产业资源，促进第一、第二、第三产业融合发展，对接周边旅游需求。服务管理体制注重纵向与横向的全覆盖，全方位保障村民利益。组织化的运营可以方便管理，市场化的运作体制保障了游客、村民、政府等多种角色的经济利益，促进村落生产体系良性循环。

4.3.2 生活线路促进特色传承是保障

（1）配套优化，设施共享

基础设施改善是村落生活服务水平提高的最基本路径。进一步加强道路与节点、要素的连接水平，明确道路分级。对于破败的路面就地取材进行修缮，道路与建筑边界或交叉点栽种本土特色植物，提升人居生活环境质量，柔化建筑边缘，完善末端绿化体系；市政方面需要加强线路整理，利用架杆进行文化宣传，美化环境；对村内的广场等公共空间进行串联，加设特色小品、主体节点、休闲步道等能够体现本地文化特色的基础设施，合理组织人行流线，从各方面促进村庄基础设施优化。村落的公服市政设施一方面可以提升村落游客承载力，另一方面也应该方便村民共用，如文化主题广场的共用。在旅游线路规划方面，有游客专用游览通道、设施，也有村民日常使用的，二者应相互联系，互通互用。

（2）特色凸显，文化传承

独古城村村落特色主要体现在传统建筑和民俗技艺两个方面。这两方面都集中在村落内部，与村民的生活息息相关，反映着村落深深的文化内涵。因此，生活线路是对村落文化基因的解读，是村民、游客、文化传承人互动的主要流线，需要串联村落的建筑、民宿以及承载村落民俗技艺的空间场所，促进游客全面认识村庄文化，也可以增加技艺体验、民俗欣赏等环节，提升游客体验感，促进村落传统文化的宣传与传承。

（3）"生活+"平台

借助"互联网+"和乡村旅游正在融合发展的契机，建设村落"生活+"平台战略，为智慧乡村铺垫。平台涉及村民生活和游客服务两个方面，内部涵盖村民生活各个方面，保障村民正常生活需求；外部可以增加宣传、即时预订、通过人流流向数据，推荐游览路线，也可以利用VR技术还原非物质文化遗产的制作工艺流程等。通过"生活+"平台的搭建，可以让游客更加全面地了解村落各条线路、景点，进一步完善和加强村落"三生"空间的塑造与展示。根据游客游览时间，按照资源重要程度智能推荐一日游线路、两日游线路等，保障游客游览体验。

4.3.3 生态线路提升多元价值是依托

（1）生态环境基底保障

独古城村山水林田湖草相互交融的生态空间与村庄文化特色共同构成了村庄旅游体系，生态空间对村落生产和生活空间起到保障作用，在生态旅游线路开发的过程中，保障生态空间不被破坏需要放到首要地位，提升生态空间资源承载力，维护自然、和谐、统一的生态系统。

（2）线路基础要素提升

村落生态资源本底优越，但是开发程度较低。林果田园应当加强基础设施建设和旅游线路、节点的塑造，在保证生态和经济价值的同时增加果园的游览属性。旱海石林特色突出，需要进一步挖掘，联系一些重要的景观节点，保障村落西部和北部生态游线的联系。甩铁花因为选址特殊，可以与旱海石林相结合，建设甩铁花表演台，定时定点表演，以便有更好的宣传效果。岩马湖作为这个"山区水乡"的重要构成部分，必须在保持生态环境可持续发展的同时进行合理开发。因此，提升独古城村的山水和传统民居等生态环境基础要素可以促进村落生态线路建设，有效地为村落文化旅游开发及保护提供良好的支撑。

（3）游客体验活动植入

游客体验活动开发主要基于生态旅游线路开发、林果田园开发特色采摘体验游；旱海石林中的鹦鹉学舌、雏鸟展翅、母鸡下蛋、孔丘讲学、夫妻观海等，极具旅游观赏价值；独孤城遗址提供VR体验，古商业街还原；岩马湖沿岸的山水旅游、亲子渔乐、户外宿营、岩马夕照观景台都可以作为游客观赏体验的一部分。对生态旅游线路进行合理开发既可以保障原始功能，也可以促进村落生产、生活协调，提升生态空间的多元价值。

4.3.4 "三生"融合促进产业转型是目标

通过对现有资源点的位置、重要性等进行梳理，塑造符合村落发展定位的"生产—生活—生态"三条旅游线路（图11）。首先，旅游线路应明确主导功能，并因地制宜地进行线路融合，如入口广场、手工编织体验等分别对应生活—生态、生活—生产的线路融合的节点。其次，线路需要进行全天候全时段的规划设计，如上午的民俗体验、下午的岩马夕照、晚上的甩铁花表演秀等，着重针对附近城镇居民1~2天的乡村旅游度假进行设计。

以旅游线路带动村落"三生"融合发展，具体还应当在设施建设方面规划合理的流线；在运营管理方面，积极发挥乡贤和社会组织的力量，共同维护空间利益；在媒体宣传方面，加强对村民的知识普及，通过"互联网+"的形式宣传村庄特色及游览形式，以起到促进乡村人居环境改善、提升居民收入、加强协调保护与传承之间关系的作用。

通过实施以上措施，促进生产、生活、生态空间的有机联系、协

图11 独古城村"三生"线路融合规划图

图12 产业发展联盟建设平台

调互动。以生态空间为基底,以促进产业生产为根本,提升村落文化传承积极度,发展村庄特色,促进村落可持续发展,实现村落自我造血功能,发展成为乡村产业模式转型。

5 实施策略保障

5.1 政企联盟保障,资源整合利益互惠

枣庄市多年来从"资源枯竭型"城市转型,依托台儿庄古城旅游资源,规划建设全域旅游目标的全面推进以及相关政策的扶持,保障了独古城村的进一步发展。凭借良好的政策扶持,积极建立政府主导、民众参与、层层联动的工作机制,统筹各类资金和项目,有效发挥联动效果(牟宗莉 等,2019)。

在现有镇域产业发展情况下,结合政府及周边旅游发展资源,整合形成产业发展联盟,搭建集产业、金融投资、人才智库于一体的资源整合平台(图12),引入与政府合作的龙头企业,在有政策、资金、人才的基础之上,保障多方群体利益,有助于实现项目落地。

5.2 发展产业基础,区域特色资源联动

周边村庄依托岩马水库开展旅游工作,建设环湖生态旅游绿道,吸引周边市民前来野餐、住宿等,完善区域旅游线路基础,突出特色(贾丽 等,2020)。

李庄村是独古城村的自然村之一,村民大部分外出打工,空心化情况严重。从2018年起,在镇政府的领导下,李庄村成立了旅游专业合作社,在村民自愿的前提下,盘活村民房屋使用权,发展主题民宿、民俗体验等乡村新业态,将闲置小院打造成业态小院。目前流转16处村民院子,统一规划特色打造,后续计划流转20处,传承原汁原味的本土文化,植入乡村新业态,目前有石磨坊豆腐宴、辣椒小院、李庄辣子鸡、葫芦小院等。

5.3 全时段多产业,打造周期产业体系

为了避免单一产业、旅游季节性等的影响,发展"旅游+"的创新产业模式,打造全产业链条,保障农民在旅游淡季也能有收入。深入推进产业特色化发展,以农耕文化为基础,串联传统农业与现代农业,打造农事体验、创意农业、循环农业于一体的特色第一产业体系;以民俗技艺为基础,打造集观赏、体验、文化教育于一体的文旅融合综合体。此外注重要素资源导入,基本农业生产、农副产品加工等平台同步建设,村民选择从事非旅游业也能获得收益。

产业体系周期化是根据市场需求积极主动调节的结果,旅游的季节主导性导致村落发展必须注重产业周期化。短时间内旅游路线的周期性运营、长时间的村民在产业生产侧重方面的变换既可以保障村民的生产收益,也可以形成良性的产业环境。产业体系周期化运营需要明确产业转换与时间节点的对应,制定对策和实施措施,保障产业体系平稳过渡(图13)。

5.4 培育媒体宣传,运作方式智慧新颖

"直播带货"成了潮流的同时,

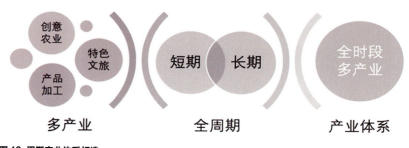

图13 周期产业体系打造

旅游相关农副产品也有了新的销售路径，通过学习新疆电商直播农产品的方式，探索"党支部+直播+助农"新模式，开辟农产品销售新路径。推动物联网技术、区块链技术在建设中的应用，建立农产品有机追溯系统，推动现代化、智慧化发展（杨森 等，2020）。

同时借助网络直播平台等，在销售农产品的同时，也展示生态美环境优、文化内涵丰富的新独古城村。运用美团、携程等网络渠道推荐生产、生活、生态主体游览路线，并根据顾客需求智能推荐1~2天游览路线、周边服务、便捷配套等相关配套。网络宣传渠道的培育有利于村落空间整合和产业转型，提高影响力。

6 结语

我国现有大量的乡村处于旅游开发的初级阶段，它们拥有良好的生态环境、人文遗产，但大多存在生产类型单一、生活供需不足、生态环境保护与利用不到位等诸多问题，这对于村落既是机遇也是挑战。乡村产业体系转型对促进乡村发展、缩小城乡差距、实现社会主义现代化具有重要的意义。产业转型的乡村必须因地制宜，本文以独古城村为例，梳理村落生产、生活、生态的关键要素，以"三生"线路为主线，促进产业融合发展，保障村落生态基底，促进村落传统特色传承。最后通过多主体协作、区域联动、产业周期、媒体宣传四个方面提出实施保障策略，促进独古城村"三生"融合发展，为乡村产业转型和乡村振兴提供借鉴。

参考文献

但文红，彭思涛，2020. 基于乡村遗产活化利用的传统村落发展路径思考[J]. 中国名城，223（4）：16-20.

黄佳，2020. 三生融合视角下乡村振兴策略探析：以咸祥镇芦浦村为例[J]. 建筑与文化，195（6）：234-235.

贾丽，叶三梅，2020. 三生融合视角下的皖南地区特色小镇建设路径研究[J]. 国土与自然资源研究，187（4）：78-82.

刘奔腾，严海慧，马珂，等，2020. 文化旅游背景下传统村落乡土景观保护研究：以兰州市永丰村为例[J]. 小城镇建设，38（3）：94-101.

牟宗莉，彭峰，刘胜尧，等，2019. "共生"理论下的田园综合体规划策略：以嘉兴市秀洲区省级田园综合体为例[J]. 规划师，35（23）：35-39.

荣玥芳，刘洋，2020. 乡村振兴背景下传统村落保护与发展策略研究：以界岭口村为例[J]. 北京建筑大学学报，36（1）：32-39.

杨森，汤星雨，2020. 乡村振兴战略背景下数字乡村发展路径探究[J]. 小城镇建设，38（3）：61-65.

中共中央、国务院，2021. 中共中央 国务院关于全面推进乡村振兴加快农业农村现代化的意见[Z].

中共中央、国务院，2018. 中共中央 国务院关于实施乡村振兴战略的意见[Z].

曾鹏，朱柳慧，蔡良娃，2019. 基于三生空间网络的京津冀地区镇域乡村振兴路径[J]. 规划师，35（15）：60-66.

赵伟奇，肖大威，邓雨晴，等，2020. 基于发展潜力评估的传统村落活化利用模式探索[J]. 南方建筑，197（3）：57-63.

芳香主题民宿与沉浸式体验：乡村振兴之芳香赋能文旅

Bringing Aroma to Tourism Experience Design in Rural Revitalization: The Case of Aromo House in Beijing

文 / 红 药

【摘 要】

在探索乡村振兴未来如何发展的时候，结合战略规划的层面，通过个体差异化寻找项目的基因差别，运用独特IP赋能文旅，结合不同的环境和地域差别，打造适合当下大环境、时代发展的项目，开创意识转型和共创策略的"新文旅"模式，紧跟时代潮流，助力乡村振兴，实现共同富裕，共同打造美好生活业态。本文对国内外芳香产业文旅项目特征进行了综述，并对芳香主题民宿的产品设计进行了案例分析。

【关键词】

乡村振兴；芳香主题民宿；沉浸式体验

【作者简介】

红 药 香邦芳舍/香邦芳疗创始人

1 乡村振兴和新时代的"范式转换"

乡村振兴是《乡村振兴战略规划(2018—2022年)》提出的战略。文件指出，农业农村农民问题是关系国计民生的根本性问题，必须始终把解决好"三农"问题作为全党工作的重中之重，实施乡村振兴战略。在乡村振兴中，农村集体经济是农村集体经济组织成员通过合作与联合等形式开展生产经营活动并共享经营收益的经济形态，是社会主义公有制经济在农村的重要体现。

近年来，我国农村集体经济的发展速度加快，在促进农民农村共同富裕方面发挥了重要作用。在乡村里非常有必要把集体经济壮大，使集体经济与外来运营团队的优势结合，从而形成引领，达成拉动村集体经济、解决闲置劳动力和拉动乡村旅游服务业这三个目标。参与的利益相关者主体主要为村集体/合作社、村民、民宿运营企业，通过共同合作、利益共享，使乡村精品民宿的运营体系良性闭环运转，做到"利益上互惠共享、过程中共生共赢"。

1962年，美国著名科学哲学家托马斯·库恩(Thomas Kuhn)在《科学革命的结构》一书中，用"范式的转换"来阐述科学的历史演变。他提出，科学的推进不仅仅是原有基础上的积累，更多时候是由于科学家看待世界和研究问题的方式发生了根本性扭转，从而推动科学以及整个社会进入一个新时代。库恩"范式的转换"概念提出后，社会各界反响热烈并开始普遍引用这一观点。2020年9月23日，华为公司董事兼企业BG(Business Group)总裁彭中阳在华为全联接大会2020上，发表了"构建数字新范式，共创行业新价值"的主题演讲，他断言，在"5机"(联接、计算、云、AI、行业应用)协同的催化之下，一波数字新范式的变革正在发生，从而将这一理论落在了数字化领域的实处。

文旅行业如何实现"范式的转换"？怎样打破旧模式，建立新的认知模式？在当下大环境下，特别是在近两三年的后疫情时代，文旅行业的面貌发生了巨大的变化，更应该迫切思考，到底该做出怎样的转变。美国营销大师菲利普·科特勒(Philip Kotler)指出："面对竞争激烈的市场，一个企业必须努力寻找能使它的产品产生差异化的特定方法，以赢得竞争优势。"当下的情况下，文旅行业必须依托创意寻求特色和差异来谋求更好的发展。

2 "转型+共创"的"新文旅"模式

在国家共同富裕目标和乡村振兴战略背景下，乡村正在成为中国经济发展的新增长点。与此同时，2022年2月22日，中央一号文件《中共中央国务院关于做好2022年全面推进乡村振兴重点工作的意见》提出，实施乡村休闲旅游提升计划。这是21世纪以来第19个指导"三农"工作的中央一号文件。关于文化和旅游在乡村振兴中应发挥的作用，一号文件提出明确要求："持续推进农村一二三产业融合发展。鼓励各地拓展农业多种功能、挖掘乡村多元价值，重点发展农产品加工、乡村休闲旅游、农村电商等产业。实施乡村休闲旅游提升计划。支持农民直接经营或参与经营的乡村民宿、农家乐特色村(点)发展。将符合要求的乡村休闲旅游项目纳入科普基地和中小学学农劳动实践基地范围。"

当下，疫情催生的接近自然、回归乡野的新消费需求，使城市周边游、乡村游备受青睐，与旅行、研学、养生等相关的生活方式进入乡村，加速了乡村新的消费生态的形成。在政策、资金、市场的共同选择之下，乡村正成为中国经济的新增长点，文旅行业在其间会有更大的生存和发展空间，与此同时，乡村旅游也迫切需要提质转型。"新文旅"模式可以激活乡村。"新文旅"的核心是改变单一景区、单一观光、单一业态的传统旅游模式，通过全域规划、片区设计、动线运营和爆点打样的"点—线—面—域"模式，打造城市周边一小时车程，以IP内容为引领的刚需、高频、复游型生活方式休闲度假旅游目的地。

3 差异化是文旅项目竞争的动力和基因

差异化是指企业/项目在顾客广泛重视的某些方面，力求在本产业中独树一帜。差异化主要包括有形和无形两个方面。有形的方面通常是围绕着产品的内容来进行的，如项目的设计与运营、销售系统以及营销方式等一系列内容。

由于差异化提供了为市场所接受的具有独特利益的产品，所以它也带来了两方面的利益。一是给供给者或生产者带来的利益：有效地回避正面碰撞和竞争；削弱购买者手上的权力，因为市场缺乏可比的选择；阻碍后来的竞争者，因为在差异化策略下，得到满足的顾客会有相应的品牌忠诚度（brand loyalty）。二是给消费者带来的利益：竞争给消费者带来的利益非常明显，不断地竞争促使产品质量更好，价格更低。差异化给消费者所带来的利益更为明显，因为消费者的需求得到更贴切的满足。

对旅游资源相对较弱的项目来讲，找到自己能够放大的特色和IP是活下来的关键，也是发展得更好的重点。所有项目中，每个项目都自带特殊的基因属性，都可以通过不同特点找出差异化，找到和本行业中项目的不同点、与其他项目的共性和特性，之后再通过不同的维度展现出来，运用到各个层面，包括项目设计、运营、推广、营销等各个环节。

4 芳香产业文旅项目对乡村振兴的意义

4.1 芳香产业对经济建设的意义

2021年伊始，上海市政协十三届四次会议召开的专题会议上，市政协委员姚雷着重提到了芳香产业在经济建设中的重要角色。姚雷委员表明：科学研究证明，精油的确对抗病，包括愈伤，包括今天的抗疫和防疫都有非常好的作用。所以过去芳香产业只是围绕天然香料的概念，但是今天已经延伸到了品质生活，包括康复花园构建，包括美丽乡村建设，包括城市人焦虑、睡眠障碍等，有非常大的应用空间。

结合乡村振兴的范畴提出以下发展要点：规划建设芳香植物博物馆，充分结合美丽乡村和东方美谷规划，结合独特的城市乡村景观，打造一个芳香品质生活的绝佳平台。

4.2 芳香产业走进美丽乡村

2019年，在房山区政府的支持下，"香邦芳舍"应运而生，将乡村振兴的主题作为战略支点，遵循绿水青山就是金山银山，寻求传统文化的创造性发展和创造性转化，项目不仅要遵循传统发展的模式，还要对它进行创新，对美好生活主要矛盾做出研判，从美丽中国到美丽乡村建设全面展开。香邦芳舍依托美丽乡村建设发展、乡村产业振兴政策，以芳香产业为乡村赋能。

香邦芳舍位于房山区黄山店村，是一家与芳香博物馆、神秘瓶子和植物共处的芳香主题精品民宿（图1）。该民宿以"芳香"为经营核心，将芳香知识、芳香活动、芳香体验、芳香住宿融于一体，为都市人打造立体化的能够唤醒五感六觉的芳香世界。民宿主作为香邦芳疗创始人，对植物精油有深入的研究，将以往只是围绕天

图1 香邦芳舍

弥须/摄

然香料开发产品的芳香产业,延伸到了品质生活,康复花园构建,城市人焦虑、睡眠障碍诊疗等方面,借助民宿空间扩大应用范围。不同于以往的民宿,香邦芳舍通过对传统要素进行系统性的重组,围绕芳香美学的价值创造新的应用场景,建立新的链接,产生新的意义。

5 芳香产业文旅项目的主要特色

5.1 "微度假"

依托于大中型城市或城市群消费市场,主要满足城市中等收入消费群体短期、近郊、高频的休闲需求。①距离的"微":一般以出行者居住的大都市为中心,在周边寻找2小时车程以内的目的地。②消费者出行成本的"微":无须劳心费力规划行程,自驾出行,说走就走,利用周末或小长假的1~3天闲暇时间跳出日常、融入自然,平衡工作与生活,体力支出、时间支出都更加轻量化。③群体的"微":微度假的主体,一般是小团体,多以情侣、家庭为单元。他们更追求食宿及配套服务的舒适度、品质感、私密感、精神获得感、家庭全员参与的幸福感。

微度假是一种新的生活方式。周边游是"微度假"(图2)最重要的组成部分,其因决策时间短、易抵达、高频次、注重品质体验等特性,成为后疫情时代都市新青年及精英人士的玩乐日常。在居住城市周边寻找适合自己的目的场所,提高生活品质,是当下"微度假"的刚需。香邦芳舍距市区50km,1~1.5小时车程,在距离上处于微度假轴线区间,另外,由于其主题具有独特性,同时民宿的品质

图2 郊区游(微度假)   魏尧/摄

和精神感直接触达,高品质配套设施可满足小团体对私密性与舒适度的需求,完美符合"微度假"特征。

5.2 小而美

从文旅业态角度看,对于标准化、同质化的项目而言,探索具有差异化、可以不通过价格竞争而吸引消费者的独特产品是提升竞争力的重要方式。"小"特指具有"明确消费群体""产品特质明显""更加细分和垂直化的产品"。"美"是指追求极致、

产品卓越。可以从两个维度来理解:一指形态、产品视觉的美,更指深度,对消费者需求的理解及匹配。

香邦芳舍以垂直领域为出发点——芳香疗法作为使身体、精神和心灵都能均衡、健康的一种治疗疾病的辅助疗法,是近年较热门的新商业业态。香邦芳舍通过植入芳香疗法,具有了主题民宿的特征,从而做到在细分方向上成为垂直化的特色项目,也因其独特性体验以及美好的体验感而让消费者多维触达。

5.3 沉浸式体验

2017年发布的《文化部"十三五"文化产业发展规划》，仅在文化装备制造业部分简单提及要开发"适应沉浸体验""沉浸式体验平台"相关技术。从《2020中国沉浸产业发展白皮书》来看，我国沉浸式体验项目的数量自2016年开始就有快速增长的趋势，2019年国内沉浸式项目已有1100多项。"沉浸式"也成为热门词，通过对文旅IP的挖掘，加上对环境空间的营造，以及高科技产品的应用，打造出沉浸式环境，让消费者真切体验到感官的震撼并产生思维的认同。随着消费者需求逐渐增多，越来越多的人开始更加重视文旅项目的新鲜感、体验感、互动性，体验经济也应运而生。但沉浸式体验项目仍有升级的空间，尤其应在加强情节设计、优化体验感受、提高思维认同方面迭代。

香邦芳舍项目中，让人印象深刻的还有山脚下的芳香博物馆，客人在这里能够学习芳香疗法知识，看到上百种芳香植物展示，增长对芳香植物的见识。博物馆里有很多置物的小格子，每个格子都有主题，在器皿里放置的植物标本用作装饰（图3）。巨大的玻璃墙，整面落地的展架，好玩的容器，上百种芳香标本，在不同时段阳光的照射下，营造出五彩斑斓的光影世界。

芳香博物馆同时也是开展芳香活动的主要场所，在这里可以做手工沙龙，举办芳香主题讲座和与芳香、疗愈相关的成人或亲子活动。比较受欢迎的项目是芳香王国、我是调香师、闻香识人、香薰蜡烛等互动体验活动。

5.4 文旅商业

在文旅项目中，独特的文化符号是文旅创新实践的核心；在地化分析和IP打造，可为运营和传播提供极大的便利，这也是新消费新业态的可持续发展道路。

在2015中国数字餐饮论坛——极客峰会上，孙洪海先生分享："产品即场景，分享即获取，跨界即连接，流行即流量——商业共融生命体才可以一站式解决娱乐和消费需求。"在各种新商业模式、理念和业态层出不穷的时候，商业跨界文旅求变，"商业往文旅方向靠近是一大趋势"。商业通过跨界可以突破原有市场的瓶颈，而民宿群体类项目也可以通过商业业态丰富内容、增加消费场所及链接市场。譬如松阳的先锋书店，不仅丰富了大众的精神世界，而且通过文创产品和软饮销售，2021年黄金周人流、销售额同时创下新高。同样，在主题民宿香邦芳舍，配套的芳香植物产品也有销售，成为令客人们眼前一亮的伴手礼。

6 文旅IP打造与成功破局的方法

随着旅游群体大众化，旅游也从观光类转型到深度体验类，用户对旅游的体验消费、精神消费的要求也越来越高，因此，面对个性化消费、情感消费日益增强的市场需求，文旅产业的供给必须与需求匹配。在文旅深度融合的道路上，IP的力量已不容小觑，打造文旅IP已成为中国文旅市场的发展趋势。

中国旅游研究院副院长李仲广表示："IP是现代旅游业体系的重要内容。旅游业发展一定要基于人，回到'当代人'，回到'旅游人'上面来。回顾过去十多年当代旅游业发展可以看到，IP正在重塑旅游目的地竞争格局。展望未来旅游业现代化发展，

图3 芳香植物标本　　　　　　　　　　魏尧/摄

IP在满足旅游消费、落实文化、旅游融合以及塑造新发展格局等方面将起到关键性作用。"李仲广建议,要积极用好IP发展基础,赋能行业和地方旅游发展,服务游客新消费需求。

文旅IP成功破局之法就是借助内功和外力,共同打造IP。首先,重新梳理项目资源,找到合适的定位;其次,借力另类资源,找到与众不同的新机会;最后,移植外部资源,做实策略核心。德国社会与文化学家安德雷亚斯·莱克维茨(Andreas Reckwitz)在《独异性社会》里提到:"主体处于一个无所不包的吸引力市场中,这个市场上在进行着可见度的角逐。只有不同凡响,才能获得瞩目。"

7 特色文旅IP典型案例

2020年,香邦芳舍被房山区文化和旅游局评为精品民宿(图4)。香邦芳舍贯彻着"芳香"的主旨,芳香知识、芳香活动、芳香体验、芳香住宿四位一体,为客人们打造一个立体的芳香世界。其中,芳香文创:"芳香+文创+IP定制"。香邦芳疗:以芳香疗法为基础,始终坚守做"减法"的生活哲学及顺应皮肤自我代谢周期的品牌理念,坚持使用有机植物原料,打造出皮肤养护、情绪疗愈、身体保养及家居等一系列芳香产品,满足人们健康自护理的需求。香邦芳舍:一个与芳香博物馆、神秘瓶子和植物共居的芳香主题民宿,满足人们对美好生活的需求,使其从身到心整体都得到自然疗愈;芳香博物馆:有芳香疗法历史普及以及超过100种芳香植物展示,让大众对芳香植物有基础的认知。自媒体矩阵:利用现代化网络传播的优势,传播芳香知识和企业产品品牌,提供新媒体营销服务,涵盖新浪、百度、今日头条、小红书、公众号等平台。

7.1 创新入住体验:从选择房间的味道开始

香邦芳舍和其他民宿有一点不同的是,客人入住的时候,可以从选择房间的味道开始。入住前,管家会联系客人,询问客人需要什么样的香气,包括果香型、木香型和花香型。通常,女性喜欢花香型和果香型,男性多会选择中性的木香型,而让孩子决定的时候就会选择果香型。客人到来后就能在客厅、卧室闻到自己喜欢的香香的味道了。

7.2 芳香植物百草园

香邦芳舍种了许多花花草草,为了匹配"芳香疗法"主题定位,所有的植物都是可以萃取精油的香草植物,比如奥勒冈牛至、红缬草、法国龙艾、甜菊、葡匐迷迭香、胡椒薄荷、马郁兰、百里香、柠檬香蜂草、罗马/德国洋甘菊、西洋蓍草等。

除了契合主题、具有观赏价值之外,这些香草植物还可以拿来制作香草植物茶饮,也可以在手作活动中作为植物素材,香草植物从而得到科普。沉浸在一个种满香草植物的"百草园"当中,客人被植物散发的天然"荷尔蒙"包围,就有了一种被包裹的疗愈感。

7.3 神奇的精油超声泡泡浴

古时候的修行者能风餐露宿,行走荒野,健步如飞,原因之一可能是他们经常在山野的温泉溪流中,泡洗温热身体、利用天然气泡按摩、疏解疲劳及压力。欧洲水疗专家发现,应该是水的温差、浮力、水流压力及气泡所产生的水音能力,使人体快速产生热能,对活络筋骨、放松

图4 住在博物馆里的民宿　　　　　　弥须/摄

肌肉、恢复体能等有很好的作用。每秒产生的46L的气泡中，产生天然超音波，这种超音波的波长和人体产生的波长是一致的，可以产生共振效果，转化外能量，被人体吸收。同时，SPA机产生的臭氧离子能迅速杀死皮肤微菌，令肌肤润滑、洁白；而每立方约5000单位的负离子有氧空气，仿佛使人沉浸在大自然森林浴之中。

入住香邦芳舍的朋友们都可以直观地感受水疗SPA，同时，水疗SPA还配有独家研发的有平衡身心、清新嫩肤、排毒瘦身作用的三款泡浴精油（图5），让客人在体验大自然的同时，沉浸于天然植物的疗愈之中，妙不可言。

7.4 芳香博物馆

芳香博物馆里面有很多置物的小格子，每一个格子都有一种植物标本，有一些原木相框做的植物标本用作植物摆件（图6）。现在看来实现了最初的构想——巨大的玻璃墙，整面落地展架，格子间神奇好玩的容器，陈列着上百种芳香标本，在不同时间段的阳光下，它们折射出不一样的光影。

客人去了之后能够闻到这些植物的味道，只要一推开这个房间的门，满满都是植物的味道，是各种各样植物味道的混合。芳香博物馆充斥着各种植物混合的美妙气息，但又由于种类太多，说不上来是哪种味道，所以就产生了奇妙的效果，它满足了客人对美妙事物的某些幻想，不只有诗和远方，还可以有香味，从情绪或者是另外一个维度上讲，香味可以是没有到达过的地方。

7.5 芳香知识、芳香沙龙、芳香活动

芳香博物馆也是举行芳香活动的主要场所。在这里可以举办手工沙龙、芳香的主题讲座等跟芳香和疗愈相关的活动（图7）。

本来这些活动是香邦芳舍为北京的一些企业举办的，作为员工培训或企业团建项目。现在这些活动也走进了芳香博物馆，可以让更多的人认识到芳香的用途和美好，同时也被植入到需要它们的主流民宿项目里。

闻香遇己，通过闻天然香气，了解芳香文化，体验香味与身体的融合，从而释放压力，宁静修心。芳香疗法还可以做情绪疗愈，为身心舒压。"我是调香师"这个项目是最受欢迎的芳香活动之一，这个活动首先会介绍香水的文化和知识，带参与者一起调配属于自己的专属香水，活动结束的时候人们可以带走自己手工调配的独特香水。平时买香水只能选择，不能创造。芳香活动中制作的香水和平素买到的香水也有区别，买到的香水是化学合成的单体香型，而自己动手做的香水全部由植物精油的成分构成。

此外，口红DIY沙龙活动也很受欢迎，主题是"遇见更美好的自己"，活动广受女性朋友喜欢。用天然的

图5 香邦芳舍的 SPA 精油　　Michael/ 摄

图6 芳香博物馆标本　　Michael/ 摄

图7 亲子芳香沙龙 　　　　　　　　　石倩倩／摄

图8 香邦芳舍售卖区 　　　　　　　　　弥须／摄

植物油、精油和植物色素，亲手做出一款自己的专属口红，可以挑选颜色和香味。除此之外，还可以亲手制作香薰蜡烛、空间香氛、植物主题的护肤精华等。

7.6 售卖区：芳香体验和线下引流

芳香产品来源于天然植物精油，植物精油来源于芳香植物，多种多样的植物以其独特的形态，为生活增添色彩和能量。在香邦芳舍售卖区（图9），客人能够体验芳香植物带来的种种魅力，直观地体验芳香产品的美好，产品更加真实可触，对产品有了具体的感受。

美好生活的需求和产品不充分的矛盾需要一个心灵的栖息地，身体也需要诗意的栖息地，这两个维度的需求预示着美学经济时代即将到来，同时更需要安放它们的场所以及能够美学赋能的产品，香邦芳舍就是这样的场所，香邦芳疗做的产品就是为美学赋能和为美好生活服务的产品。

8 结语

2021年，北京两个村庄入选世界旅游联盟《旅游助力乡村振兴案例》，其中，香邦芳舍所在的黄山店村就是案例之一——"北京房山区周口店镇黄山店村：精品民宿带动村集体经济发展"。世界旅游联盟对这50个案例深入分析、总结研究，提出四点建议：一是建立"共建共治共享"的乡村治理机制，发挥多元主体作用；二是挖掘优秀的乡土文化和美学价值，开创文旅融合新场景；三是秉承低碳绿色、生态环保的理念，坚定不移地走绿色发展之路；四是筑巢引凤、重视人才，为乡村振兴蓄积内生动力。正如鲁米的诗歌所言："找到你内心的芬芳，才闻到每个心灵的芬芳。"相信在未来，文旅可以走得更远，人民的生活也会越来越美好。

参考文献

库恩，2012.科学革命的结构［M］.4版.金吾伦，胡新和，译.北京：北京大学出版社.

莱克维茨，2019.独异性社会：现代的结构转型［M］.巩婕，译.北京：社会科学文献出版社.

张泉大地乡居

遗产活化与文化共创

Heritage and Culture: Activation and Co-creation

戴林琳　"全流程的文化遗产活化与利用"：对话"文里·松阳三庙文化交流中心"创始人彭海东

聂世家　赵之枫　乡村旅游振兴传统村落策略探讨：以北京市柳沟村餐饮文化开发为例

李　霞　朱丹丹　故乡文创中心：一种新型乡土文化共创空间的探索与实践——以敕勒川故乡文创中心为例

李永良　李路宜　李济彤　探索"陪伴式乡村运营共建"模式：重庆市银河村实践案例

图片来源：北京大地乡居旅游发展有限公司提供

"全流程的文化遗产活化与利用"：对话"文里·松阳三庙文化交流中心"创始人彭海东

Revitalizing and Capitazing Cultural Heritage via a set of Procedures: A Dialogue with Peng Haidong, the Founder of Culture Neighborhood · Songyang Sanmiao Cultural Communication Centre

文 / 戴林琳

【时 间】

2021年7月12日下午

【地 点】

浙江省丽水市松阳县文里·松阳三庙文化交流中心

【采访者】

戴林琳　北京大学城市与环境学院副教授

【受访人】

彭海东，北京同衡思成投资有限公司创始人兼总经理，长期从事建筑文化遗产的保护与利用、城乡更新的研究与实施，坚持从策划、设计、投资、建造及运营的DIBO（design-investment-building-operation）全流程视角实施遗产活化与更新，在理论研究与实施管理方面具有丰富的经验，所创始的遗产活化与城市更新项目"文里·松阳三庙文化交流中心"自2020年建成以来，荣获2021年联合国教科文组织亚太地区文化遗产保护奖之遗产文脉新设计奖（Award for New Design in Heritage Contexts）、德国BAUWELT和北京《世界建筑》的2020年"世界未来城市计划IUPA"特别奖，受邀参加了2021年首尔建筑与城市双年展、2021年"超融体"成都双年展、2021年"乡村建设：建筑、文艺与地方营造实验"江西画院美术馆开馆首展（著名策展人左靖策展）、2019年北京国际设计周"新生于旧"城市更新主题展（著名建筑师朱小地策展）等重要展览。

戴：近些年来，您从规划师转为投资人和运营商，您如何看待这种身份和角色的转变？

彭：我最初在清华同衡规划院一直从事规划设计工作，之所以开始文里项目，是源自我对文化遗产活化和利用的兴趣。我们有着大量的文化遗产资源，但是在规划设计过程中，经常会感受到两个问题：一是规划设计与保护实践常常脱节，二是往往局限于咨询层面无法真正深入地介入实施。而当规划设计师转变为实际的投资人和实施者，可以从专业的角度来掌控和引导项目的全过程，专业背景加上对整个项目全流程的通晓，对于文化遗产保护利用工作是非常有价值的。事实上，我们所做的工作不是传统意义上的投资，更多的是基于规划设计师的身份在探讨技术和实践的结合。因为有着规划设计专业背景，我们对于遗产的价值判断与纯商业运作不一样，基于这样的判断可以更多地去有效利用而不是破坏，这是我们的专业底线。

戴：据我所知，文里这个项目从谋划到运营花费了数年时间，其中经历了怎样的过程？

彭：我是2014年第一次到松阳进行传统村落考察的，当时由县里主要领导带队。我们被这里大量的文化遗产和建筑遗存深深吸引，完成了黄田村的规划设计。这个方案很受认可，当地提出希望我们也参与到文里这个项目中。当时已经由其他机构编制了方案，但是采用的是非常常规的设计手法，也就是新建仿古一条街，这在各地都很常见。这种手法对于遗产价值的原真性是缺乏理解和挖掘的。时任政府领导有一个朴素的判断，那就是虽然不知道如何去做，但是仿古一条街的做法是不可以的。而在那个时期，我们并没有直接拿出刘家坤先生的详细设计方案，而是用一页PPT展示了从项目运营角度来进行文化遗产活化利用的思路，这个想法打动了他们，进而改变了文里这个街区的形象，甚至松阳的城市品牌。

我们在2016年底与县政府签订了合作协议，经历了一年设计、两年建设，项目在2020年10月正式投入运营。由于这个项目是之前没有做过的，希望探索一种新的中国特色遗产活化路径，因此仅合作协议的细节就讨论了很久。在此期间，政府一直秉持着期待最好的方案的想法，宁可把遗产保存在那里，也不轻易地动笔。

戴：文里建设过程是怎样的？在此期间是如何处理政府、投资商、设计师、社区居民等利益相关方的关系的？

彭：我们在这里其实是在尝试非传统地产机构的一种投资模式，在过程中采用了"策划—设计—建造—运营"一体化的方式，过去这些环节是分离的。首先在策划阶段兼顾设计，基于规划设计专业优势，对文化价值、建筑质量等进行评估，延续这里的精神文化中心定位，但是对原先的文庙祭祀等功能进行更新，变成现代的市民中心和邻里中心（图1），赋予其公共书房、展演

图1 文里平面图

图2 文里儿童图书馆

中心、市集等新功能（图2）。原先的戏台没有了，但是不影响高腔等本地非物质文化遗产演出，还有政府的露天电影，小型研讨会等。我们在前期做了大量的工作，目的是研究它到底做什么，定位是什么，然后才去指导设计，策划和设计不能完全分开。设计师参与策划，使得空间和功能能够连起来。当然，我们聘请的是充满人文情怀的设计师，基于在地的特质进行设计，而不是采用固定的手法，同时由设计师熟悉的景观、室内装潢、照明团队进行配合，实现从建筑到室内高度一体化的设计。

在建造阶段，我们团队有4名成员驻场两年，不仅考虑工程，同时考虑运营相关的问题。这一阶段，团队做了大量的利益相关方协调工作，包括与名城办、消防、社区、土地、国投等政府部门对接，这些部门之间也会存在分歧。由于这个项目涉及文物保护与利用，我们和政府部门一起共同探索了监管程序和合作方式的创新，双方共同实施未来的街区运营。

街道部门和社区组织在协调的过程中起到了重要作用，通过他们汇集了离散的居民个体观点。例如有关日照间距的问题，尽管设计方案符合规范和标准的要求，但是居民并不认可。这种情况下，由街道和社区组织多方主体参与的协商会，政府主管部门、规划设计师、居民等在一起商讨，形成大家认可的方案。这里其实蕴含着公共产品与私有产权之间的边界问题，按照惯例，原址修缮可以保持边界不变，但是对于居民来说，他们认为只要是拆掉了，新建的就必须再往后退。最后的结果是我们做了很大的退让，退更多的距离，降低建筑的层数等。协调的过程非常冗长和艰难，投入的时间超过了半年。

在运营阶段我们采取的是陪伴式辅导方式，构建在地化运营团队，创建项目合作平台，持续导入文化资源，包括举办各类会议、学术活动等，以及引入美院等专业机构。例如我们举办过乡村复兴论坛，有400多名参会嘉宾。这些活动保证了运营场景的丰富性，同时也能够满足日常运营的需要，进而实现整个项目的长期可持续化。除此之外，我们还为政府部门、社区自治、党团活动等提供了场地支持。

戴：文里项目在文化遗产的保护与利用方面有哪些创新？

彭：文化遗产保护利用类的项目不是传统的地产投资，其关键在于如何看待新与旧的关系，如何看待原真性，如何看待保护。我们的理念与做法并非独创，事实上这种遗产保护理念来自西方国家，已经有近100年的历史。例如意大利建筑师卡尔洛·斯卡帕设计改造的维罗纳城的老城堡博物馆，新旧建筑完全融合、浑然一体，遗产处于自然的保护状态，游客可以随意参观。在文里，我们承认每个时代的印迹，假古董是对遗产的作伪，还会使人产生对原有建筑真实性的怀疑。文庙始建于唐代，明末在此重建，现为清代风格，所以很难确认哪个时期代表了它真正的原真性，无论按照哪个朝代来修复都不是真实的，只有源自当下是真实存在的。因此，我们对文物本体还是执行严格的保护，同时对现存的其他建筑也进行评估和分级，以呈现完整连续的历史沉积，实现不同时空的交汇（图3）。

此外，我们在一定程度上突破了原有的文保建控地带的管制要求，在与文物协调的前提下采用现代简洁的设计手法来回应传统文化，例如新建的用于连接各个建筑单体的廊道（图4、图5），采用的虽然是现代金属材料，但是通过空间组织，给人感受到的却是中国传统园林的曲径通幽。

文里在国内文化遗产活化利用领域应该算是一个引领性的项目，不仅仅是设计，更重要的是运营。有些文物修缮开放后，本地人一般是不来的。但是在文里，我们的场地不是被围墙封闭的，这里的使用者不仅仅是游客，更多的是本地人。

戴：文里项目如何体现松阳的文化引领战略？

彭：文里位于松阳县城的中心区位，这里有着城隍庙、文庙、武庙三座"官庙"，它们历史上也是市民的精神中心与公共活动场所，一度也是县委和政府部门的办公场地，是城市的政治中心。当地政府之所以委托我们来操盘文里项目，其实也是希

图3 文里咖啡厅

望通过在城市最核心位置的重点文化项目引领整个城市文化品牌的打造，这可能比在交通相对不便的村庄选点更有影响力。

我们在运营中也充分考虑了文化引领的思路，例如导入学术会议等外部资源，带动县城其他地区以及乡村的发展。有些活动的规模比较大，除了部分嘉宾住在文里之外，其他参会者会入住县城的其他宾馆，包括周边的会议配套服务都可以被带动。除了会场之外，我们还组织了松阳乡村考察。充分考虑了松阳当地的旅游接待能力和文化资源禀赋，主要以精品小团为主，走专业路线。我和清华大学罗德胤老师也会参加这些活动，为大家分享有关松阳历史文化的信息。这些活动有些是我们来主办的，有些会联合当地政府或是为文旅部门提供资源对接，但是目的都是一样的，为了整个松阳的文化品牌打造。

戴：与其他城市相比，在松阳运作文里项目，是否有特殊的政策支持？

彭：松阳这里特殊的政策并不多，与浙江省内的营商优惠政策一样。但是在这里感受到的是一种健康的环境生态和高效的治理方式，投资者接触到的当地政府工作人员都是本着解决问题、推动事情的态度。在项目运作过程中，政府并没有给予直接的资金支持，但是采取了房产的资产投入方式，以确保项目涉及的产权清晰，这对投资者很重要。在建成之后的起步时期，政府将一些活动放在这里举办，也对项目起到了一定的支持作用。此外，政府有时会以消费券的形式奖励外来的投资者或是高水平人才，这既鼓励了外来者，同时也有助于拉动本地第三产业发展。当然，这些奖励我们都给了在地团队。

戴：您如何评价文里的实施效果？这种路径能否在其他地方推广？

彭：文里项目在文化遗产的保护与利用方面实现了一些方向性的突破，包括对不同时期文化沉积的尊重，在文化遗产的外壳中植入新的可持续的文化功能。在正式开放的这段时间里，我们在文里举办了非常丰富的活动，可以说重新激活了这个城市中

图 4　建筑单体间连接的廊道

图 5　现代廊道与传统建筑交汇

图6 邻里民居与文里

心,为它带来了文化活力。在经营层面,文里不是一个赚大钱的项目,但是它是一个自我闭环、自我实现的项目,不会像很多文保项目那样需要靠国家投入来维持。文里是一个小规模项目,但是在城市更新的领域中,这种小项目恰恰是主流。通过文里这种小项目,不仅可以实现文化遗产的保护,还可以实现城市和社区之间的缝合和织补(图6),延续整个城市的文脉。

松阳模式有两条线:一是传统村落群的乡村振兴,二是以文里为代表的城市更新与遗产孵化。而文里路径的推广,需要政府部门一定的投入。我们会将这种模式传播给需要的对象,同时我们团队可以来运作。文里已经建成投入使用了,它是一个可以看得见摸得着的实验样板,已经有很多城市来这里参观学习。对于政府而言,这种模式既可以实现遗产保护,又可以塑造社区文化,打造城市名片,同时也能实现资金平衡。

乡村旅游振兴传统村落策略探讨：以北京市柳沟村餐饮文化开发为例

An Exploratory Study on the Strategy of Revitalizing Traditional Villages through Rural Tourism: A Case of Catering Development of Liugou Village in Beijing

文 / 聂世家　赵之枫

【摘　要】

乡村旅游是推进传统村落保护与发展，实现乡村振兴的重要途径之一。但目前传统村落旅游发展面临着文化挖掘不足、游客体验性不佳、同质化现象严重、缺乏长效运营机制等问题。本文以北京市传统村落柳沟村为例，分析其面临的困境及蕴藏的机遇，提出以柳沟村特色餐饮"豆腐宴"为依托，延伸其旅游产品的广度及深度，使其在良好传承村落历史文化的前提下，向现代旅游需求转型。

【关键词】

乡村振兴；乡村旅游；传统村落；文化餐饮

【作者简介】

聂世家　北京工业大学建筑与城市规划学院硕士研究生

赵之枫　北京工业大学城市建设学部教授

注：本文图片除标注外均由作者自绘。

1 研究背景

党的十九大报告提出实施乡村振兴战略，要坚持农业农村优先发展，达到产业兴旺、生态宜居、乡风文明、治理有效、生活富裕的总要求。乡村旅游是实现乡村振兴道路的重要途径之一。

"产业兴旺"是乡村振兴的基础，也是推进乡村经济建设的首要任务，乡村旅游是农村发展的新动能，是产业转型的新路径；"生态宜居"是生态文明建设的重要一项，乡村旅游的介入也会促使村庄注重生态环境保护，实现绿水青山；"乡风文明"是加强文化建设的重要举措，乡村旅游有利于村庄立足并传承中华优秀传统文化，增强发展软实力，并推动形成新型治理模式，让"治理有效"的实施路径更加明确；拥有了乡村旅游的广袤市场，农民致富增收，更可实现"生活富裕"。

"传统村落"是指拥有物质形态和非物质形态文化遗产，具有较高的历史、文化、科学、艺术、社会、经济价值的村落（李晶 等，2019），用乡村旅游来拯救传统村落是最朴素的思想（吴必虎，2016）。传统村落结合旅游业有利于村落的可持续发展，既能广泛宣传传统村落的文化价值，也能通过旅游带来的经济收入反哺村落保护，协调传统村落历史传承与旅游发展之间的关系。

2 传统村落旅游发展分析

2.1 我国乡村旅游开展概况

全国旅游业发展步伐日益加快，乡村旅游这一新兴旅游形式也被越来越多人青睐。据文化和旅游部测算，2019年，全国乡村旅游总人次为30.9亿次，占国内旅游总人次一半以上，乡村旅游总收入1.81万亿元①。

乡村旅游是以具有乡村性的自然和人文客体为旅游吸引物，依托农村的优美景观、自然环境、建筑和文化等资源（图1），在传统农村休闲游和农业体验游的基础上，拓展开发会务度假、休闲娱乐等项目的新兴旅游方式（吴桐，2019）。

我国传统村落旅游开发经营模式主要有以下五种：企业承包经营模式、个人承包模式、村集体自主经营模式、政府主导模式、混合开发经营模式（孟玲娜 等，2020）。这些模式各具特点，具有不同的适用性，也都有一定的弊端：企业及个人承包则村民利益易受损，村集体自主经营缺乏管理和运营经验，政府主导难以在运营过程中面面俱到，混合经营难以协调各方需求。但相较而言，混合经营模式中，政府、企业、村集体、村民共同参与开发经营，兼具经济效益和社会效益，更易长久发展。

2.2 传统村落乡村旅游现存发展问题

2.2.1 文化挖掘不足

传统村落得益于丰富多元的历史要素，具有较高的保护价值，这种价值体现在物质和非物质两个层面。目前来看，随着政府大量资金的投入，在物质层面取得了较好的保护效果。通过对重要传统建筑、古寺庙宇、古树古井等建档，这些历史遗

图1 安徽黟县宏村

王会龙／摄

迹已经被较好地保护起来了，并直接变成了旅游资源。但是非物质文化的保护与发展还远远不足，对传统村落自身历史的挖掘、传统生产技艺的再现，以及民俗文化的传承仍显不足，难以体现其深刻的内涵。

2.2.2 游客体验性不佳

游客体验性不佳在采取村集体自主经营模式的传统村落中体现尤为明显。由于缺乏多元化的产品项目，游客来此仅能走马观花式地逛村庄、看古迹。当今是一个重视体验经济的时代，纵使传统村落有其独特的历史底蕴，但若相关旅游项目及产品止步于此，忽视游客体验性，终究会因缺乏市场竞争力而被淘汰。

2.2.3 同质化现象严重

一是传统村落之间经营模式的同质化。村落往往依靠历史遗迹将游客吸引来，而盈利点基本依靠农家乐。这种盈利方式还停留在乡村旅游的最初级阶段。随着开展乡村旅游村庄数量不断增多，只能逐渐稀释旅游市场。二是同一传统村落内部竞争的同质化。例如某村早期有其独特的旅游产品，比如某种特色小吃，吸引游客慕名而来，本村其他村民看到商机后跟随效仿经营，导致后期供大于求。柳沟村就是此类型的代表。

2.2.4 缺乏长效运营机制

传统村落旅游应兼顾社会与经济效益，使多方受益，但大多数旅游开发往往关注经济利益，未能良好地平衡社会效益，缺乏多方博弈的过程，难以形成长效的运营机制。政府、企业、村集体、村民共同参与开发的混合经营模式构建了多方博弈的平台，这种模式的优点逐渐显现，但具体管理过程中由于各方诉求不一，职责不清，难以统一协调形成合力。

2.3 传统村落乡村旅游优化思路

传统村落乡村旅游的健康发展任重而道远，应随着时代发展不断改进优化。并非所有传统村落都适合转型乡村旅游。传统村落发展乡村旅游需拥有便捷的交通、丰富的历史遗存、秀美的自然风光、良好村庄治理基础。对于适合发展乡村旅游的传统村落，应从梳理旅游资源、明确发展定位、优化运营管理等方面对乡村旅游进行优化。

首先，梳理旅游资源。旅游资源包括历史文化资源和特色旅游资源。历史文化资源是传统村落的共性，也是传统村落区别于一般村落的突出特点。在梳理物质层面文化资源的基础上（如民居古建、古树古井等），要对不同传统村落的文化价值进行深层次解读，以避免传统村落同质化发展。特色旅游资源是指村庄的自然山水、红色遗迹、特色美食等，这些优质的文化资源能拓展传统村落的旅游维度，还更易满足现代休闲旅游的需求，也是增强游客体验性的关键点。

其次，明确产业发展定位。应对该传统村落的旅游发展进行清晰的产业定位。在统筹考虑各种因素之后，根据村落自身发展条件和资源条件而做出判断，确定旅游发展的亮点，做到特点突出。还应加强规划指导和项目策划，以确保村落旅游发展具有可实施性。

最后，优化运营治理模式。建立新型混合经营模式，成立多元共治的合作社，明确合作社中政府、企业、村集体、村民在乡村旅游中应发挥的作用、应尽的职责。政府应给予相关利好政策和指导，企业应保障充足的资金供应，着重补齐村庄基础设施短板；村民作为旅游服务主体，由合作社组织专家对其进行针对性指导，以便提供良好的服务（图2）。

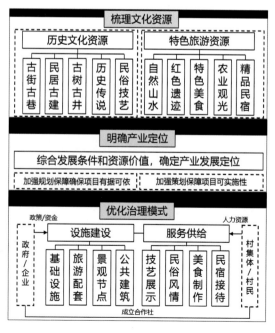

图2 传统村落旅游优化发展总体思路

3 乡村旅游振兴传统村落策略探索——以柳沟村为例

3.1 柳沟村乡村旅游发展概述

柳沟村位于北京市延庆区井庄镇中部,距井庄镇政府2km,距延庆区15km,距北京城区约92km,村域面积5.73km²,村民402户,共1120人。

柳沟村是北京市级第一批传统村落,属明长城沿线军事聚落。柳沟城堡建于明嘉靖三十年(1551年),是明代宣府南山路边垣上重要的军事城堡。清代在柳沟城堡设柳沟营,建有总兵府。站在城西山头俯瞰,柳沟古城及其东西两关整体形似一只展翅欲飞的凤凰,故又名凤凰古城(李源 等,2019)。

柳沟村原是个古老的穷山村。2003年,14位村民率先在祖传的暖手工具——火盆上架上铁锅圈,铁锅圈上架上砂锅,砂锅里再放上豆腐、粉条、白菜、熏猪肉,推出了"火盆锅、豆腐宴",迈出了民俗旅游接待的第一步(刘浦泉 等,2007)。改良后的"火盆锅、豆腐宴"菜品更加丰盛,形成中间火盆锅,四周配以具有农家特色的三个辅锅、三个小碗、六个凉菜的菜品格局(范子文,2015)。

图3 柳沟豆腐宴　　图片来源:Coco 胡波

在柳沟村,游客不仅能品尝到享誉京城的"豆腐宴"(图3),还能参观城墙遗址,体验当地的民俗风情。柳沟"豆腐宴"具有强大的辐射带动作用,促进了周边村民宿旅游的发展,对于区域经济发展意义非凡。早在2013年,柳沟村的旅游接待人次就达到70.1万,旅游收入达到4100万元②。但是近年来随着开农家乐的人越来越多,专程奔柳沟吃豆腐宴的人逐渐减少。2019年,柳沟村的接待人数下降到49万,收入约2200万元③,与2013年相比有较大回落。

3.2 柳沟村乡村旅游发展存在的问题

3.2.1 忽视长城沿线聚落价值,历史文化特色不突出

柳沟村的发展历史按时间可分为三个阶段(图4),逐渐从城堡内部向交通干线两侧拓展。第一阶段——老城发展阶段:柳沟城先建城墙,后建宅,这一阶段村庄发展集中在柳沟城堡城墙范围内。第二阶段——沿路增长阶段:中华人民共和国成立后,人口增长迅速,老城内无法容纳众多村民,人们逐渐搬至城外。随着村东侧县道006的修建,柳沟村从以老城

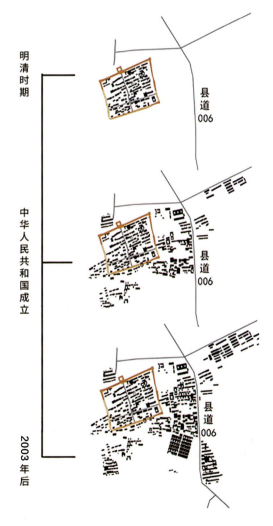

图4 柳沟村形态变迁图

为中心扩张，转为沿县道发展。第三阶段——民宿发展阶段：2003年柳沟开发民俗旅游度假村后，柳沟的发展建设集中在游客来向的村东南方，此区域民居多以发展民宿为主，也是现柳沟村最主要的游客接待区域。

可以看出，柳沟村作为传统村落，老城具有较高的历史文化价值，城墙遗址、传统民居建筑集中在此区域。城门、城墙、瓮城、边墙、城隍庙等历史遗迹（图5）已得到修缮，但未得到足够的重视。因为老城位置相对远离交通干线，游客更多聚集于村庄东南部的豆腐宴商家。这也使得柳沟的餐饮文化与长城文化联系不紧密。

3.2.2 过度依赖农家乐，旅游产业复合度不足

柳沟村共有60余家豆腐宴接待，80余家民宿接待，主要分布在村东南侧（图6）。柳沟村自从有了民俗旅游的契机，大量村民选择留在村中就业。家家户户都愿意借助旅游发展契机分一杯羹，人手充足便经营豆腐宴席，人手不足往往利用民房进行民宿接待。

通过问卷调研发现，来柳沟村的游客大多只停留在"吃"的层面，绝大多数的游客只是为了品尝"豆腐宴"才来柳沟村的。当今旅游需求集"吃住行游购娱"于一体，而村内缺少游玩体验项目，不利于引导游客深度游览，消费面过窄。

3.2.3 缺乏管理合作，造成无序竞争

柳沟村现为村集体自主经营模式，村集体制定餐饮管理标准和规范后，由村民经营农家乐。柳沟村乡村旅游合作社于2012年成立，主要由村委管理。合作社仅制定了大致的菜品标准及价格标准，在管理上效果不佳，柳沟村成立合作社后，还是延续了村民各自为政的格局。目前柳沟村游客量已不如从前，各农家乐经营商户却不甘心退出，又担心变革会存在风险，造成柳沟村存在过量同质化的农家乐，而当前的合作社也缺乏能力统筹管理此局面。

柳沟村也出现了差异化经营的探索。个别村民将院落整体出租给外来投资者开发精品民宿。院落环境整洁优雅，可随时为游客定制伙食。节假日期间往往需要提前一个月才能预定上，颇受欢迎（图7）。可见，村内民宿面对市场需求，有升级空间，可以采用多样的经营方式。

3.3 柳沟村乡村振兴策略探讨

柳沟村乡村旅游资源禀赋良好，既有修复完善的长城遗址，又有享誉京城的"豆腐宴"，而且相应的旅游配套设施建设也较为完善，应在乡村振兴的背景下进行转型升级，走出目前经营模式陈旧、游客旅游体验单一的困境。

根据柳沟村的特点，本文提出了"古城柳沟·化'腐'为奇"的旅游提升思路。化腐为奇原意指变坏为好、变死板为灵巧或变无用为有用。此处一语双关：柳沟目前的品牌型餐饮营销策略已略显"陈腐"，经营手段缺乏变通，无法满足当代市民的需求。应依靠"豆腐"这一核心竞争力，打造更丰富有趣的产品链，串联起更具底蕴的特色文化链，并优化协作治理模式（图8）。

3.3.1 塑造特色文化链，提升村落内涵

柳沟村有两类文化：豆腐文化和长城文化。两种文化在物质层面已具备较强的吸引力："豆腐宴"品

图5 柳沟村修复的土边墙、北城墙、瓮城、城隍庙

图 6 柳沟村农家乐分布

图 7 柳沟村民宿

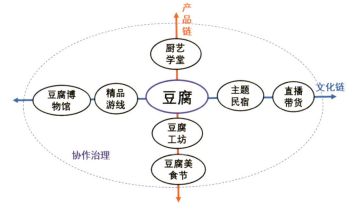

图 8 柳沟村乡村旅游提升策略

质得到广泛认可，"城墙遗址"保护情况良好。而非物质层面还需要深入挖掘，未来柳沟村应借助"豆腐"这一金字招牌将两种文化充分融合串联：利用"豆腐宴"的契机，将豆腐美食提升到豆腐文化层面，并带动长城文化与之并行发展，形成柳沟自己的特色文化链。

首先，建立柳沟文化博物馆。博物馆利用既有院落更新改造，展示柳沟独具特色的军屯文化和豆腐文化，生动地呈现柳沟悠久而丰富的历史。博物馆选址应位于柳沟老城的中心位置，突出其重要意义，也利于引导游客深入老城。

其次，打造柳沟精品文化游线。加强路线引导，打造若干节点，引导游客深入柳沟古城（图9）。形成贯穿村南北的柳沟民俗文化游览线路，并着力建设柳沟大集、豆腐工坊、城隍庙、豆腐博物馆、北城墙遗址等主要节点。并注意利用指示牌和路旁绿化，加强游客引导。

再次，开展互联网直播宣传。村内4G信号可以全覆盖，为村内开展流畅的网络直播以及电商服务提供关键支撑。柳沟应借助互联网平台广泛传播其文化，推销自己的产品。比如开通网络直播间，宣传柳沟特色食品，带领网友云游柳沟古城，云体验农耕生活。

3.3.2 延伸产品链，丰富旅游业态

柳沟村旅游产业发展定位为"豆腐IP+堡城文旅"。以豆腐为核心，打造多元化的项目产品，引入新型旅游业态，拓展产业维度，让村民从"吃"以外获得更多收入来源。还应融合古村元素，努力增强柳沟村的"可玩性、体验性"。

图9 柳沟村民俗文化游览线路策划

首先，开办豆腐体验工坊。新建豆腐工坊并半开放经营。晚间用来大批量制作豆腐，以便次日供给豆腐宴经营商户；白天面向游客部分开放，跟随柳沟村老豆腐手艺人学习豆腐制作技艺，在让游客亲身体验制作乐趣的同时，传播豆腐制作技艺。半手工半机械的小型工坊，非但不会对环境造成破坏，袅袅豆香还能从嗅觉上丰富游客的体验，反而让古村更具乡土气息。

其次，兴办"豆腐宴"厨艺学堂。当下的年轻人虽然"好吃"，但是不"懒做"，乐于体验亲自下厨的乐趣。而柳沟村厨师个个都是豆腐菜专家，尤其精通"火盆锅"。有条件的商家可以开放自家厨房，开办美食学堂，这样能有效利用过剩的餐饮资源，避免各农家乐同质化竞争。

再次，组织豆腐美食节。组织一年一度柳沟豆腐美食节，汇集全国各地豆腐美食小吃，并聘请各菜系豆腐名厨来柳沟施展豆腐烹饪技艺。在城墙脚下举行万人齐品尝豆腐活动，让参观者领略豆腐菜肴的独特魅力。

3.3.3 优化协作治理模式

根据柳沟村实际情况，可按照"政府引导，企业运营，村民共商"的原则优化合作社治理模式。井庄镇政府应加强对合作社的指导，引进有能力的企业，保障村民的利益。企业专注于项目策划、施工建设、村民培训、运营管理等，做到定期向村民分红。村民在村委会的组织下，接受更科学的服务培训，努力为游客提供更好的服务。由此实现多方协作治理。

首先，优化供给模式。通过多元主体联动，合作社主动干预，解决柳沟村内部同质化竞争过于激烈的问题。要合理减少同质化农家乐的数量，帮助部分经营商户结合特色文化转型精品主题民宿。

其次，提升村民服务水平。企业派专人定期对村民进行专业化服务培训，培训不只局限于教授服务接待知识、服务技能等内容，还应包括乡村旅游基本知识、资本意识、旅游审美意识和文化差异认识、卫生教育、可持续发展教育、旅游法规等（孙伟，2009）。此外，合作社应制定标准化服务流程体系及考核机制，以确保每位游客都能享受到标准化高水平服务。

再次，加强村民的文化认同感。应加强村民对柳沟特色文化的学习，以豆腐文化和长城文化为切入点，让柳沟村民人人熟知柳沟文化，熟背柳沟历史，进而向游客宣传，讲述生动的柳沟故事。

4 结语

传统村落的活化不是对传统文化要素原封不动地保留，关键在于如何发展传承，类似柳沟村有基础、有故事、有产品的村庄，应通过发展乡村旅游村构建造血机制，促进村落可持续发展。

发展传统村落旅游要在合理评估自身条件后，明确整体旅游产业定位并突出特色主题。产品打造上应注重历史与现代结合，做到既突出文化价值，又提供适应当今社会休闲娱乐的项目。经营理念上应敢于创新，大胆尝试，突出个性化消费，注重游客体验性，让游客真正融入村庄，留念村庄。治理模式上应强调多元协调共治，避免盲目无序发展，促进传统村落产业、生态、乡风、治理全面提升，从而实现村庄的可持续发展。

注释

① 资料来源：新浪网 https://news.sina.com.cn/c/2020-09-13/doc-iivhuipp4025375.shtml。

② 资料来源：搜狐网 https://www.sohu.com/a/109116524_120733。

③ 资料来源：新京报 https://www.bjnews.com.cn/detail/159074332115830.html。

参考文献

范子文，2015. 柳沟村品牌餐饮模式下的民俗旅游村（下）[J]. 北京农业，626（21）：14-19.

李晶，胡荣，程海帆，2019. 乡村旅游视角下传统村落发展策略初探：以云南大回村为例[J]. 城市建筑，16（16）：41-46.

李源，甘振坤，欧阳文，2019. 北京延庆区柳沟村公共空间有机更新策略[J]. 遗产与保护研究，4（3）：32-36.

刘浦泉，姚佳，2007. 柳沟村"豆腐宴"年收入近千万[J]. 山西农业（村委主任）（2）：44.

孟玲娜，王慧，2020. 我国传统村落旅游开发经营模式探讨[J]. 合作经济与科技（19）：45-47.

孙伟，2009. 青岛地区农民参与乡村旅游的状态研究[J]. 重庆工商大学学报（西部论坛）（6）：99-104.

吴必虎，2016. 基于乡村旅游的传统村落保护与活化[J]. 社会科学家（2）：7-9.

吴桐，2019. 浅析高校助力乡村旅游供给侧改革：以宜昌龙池村为例[J]. 广西质量监督导报（9）：88.

故乡文创中心：一种新型乡土文化共创空间的探索与实践——以敕勒川故乡文创中心为例

Exploration and Practice of Cultural Co-creation in Vernacular Space: A Case of Chilechuan Cultural Product Creation Center

文 / 李 霞　朱丹丹

【摘　要】

乡土文化记忆的保护与传承，是乡村振兴中文化振兴的重要内容。本文系统阐述了大地乡居探索的全新乡土文化产品——故乡文创中心的核心理念与价值体现，并以内蒙古呼和浩特市奎素村的敕勒川故乡文创中心营建实践为例，剖析了故乡文创中心的营建步骤与运营要点，以期为乡村振兴战略背景下的乡土文化记忆保护、传承与利用提供一种新型路径。

【关键词】

乡土文化；乡村共创空间；文创中心；敕勒川奎素村

【作者简介】

李　霞　　大地风景文旅集团副总裁，大地乡居品牌创始人

朱丹丹　　大地乡居旅游发展有限公司副总经理

随着国家乡村振兴战略的实施，乡土文化记忆的保护与活化利用作为留住乡愁、修复乡村的关键举措，成为各地推进乡村振兴发展的一项重要工作内容。然而，目前乡土文化记忆保存与利用的载体仍较为单一，以政府出资兴建的各类村史馆、乡村记忆馆为主，且大部分村史馆与乡村记忆馆建成之后，由于缺乏运营思维的介入，普遍存在着展示方式陈旧、视觉呈现刻板、空间功能单一、日常运维缺失等问题，长期处于使用效率低下的状态，无法发挥应有的文化价值与产业价值。大地乡居团队在长期的文旅乡建实践中，创新探索出以"故乡文创中心"为载体的乡村记忆保护与活化利用新模式，致力于通过塑造一种链接过去与未来、文化与产业、传统与时尚、公益与商业的全新的乡村文化空间，从而对在地乡土文化记忆进行更有深度、更加有效的挖掘、梳理与转化，以此重新发现并激活地方文化的价值，切实推动乡村文化振兴与文旅产业发展。

1 故乡文创中心的理念创新与价值体现

故乡文创中心是立足于乡村在地文化与乡土记忆之上，以文化运营思维为导向，复合乡村博物馆、乡村旅游接待服务、乡土研学教育、乡创工作室等多种功能，兼具文化价值与产业价值，可体验、可运营的新型乡村公共文化空间。每一个故乡文创中心，不仅是一处有品质的乡村文化展示中心，也是乡村文旅接待前台和村民文化活动中心，同时还承担着乡创产业孵化中心的功能，其核心理念与价值主要体现在以下三个方面。

1.1 故乡文创中心的核心理念是乡土记忆产品化转化

文化的保护传承与活化利用是相辅相成的，抛开立足于现实生活需要与现代审美需求的文化活化利用来单一谈文化保护，无法从根本上解决乡土文化持续发展的问题。与传统村史馆单一依靠政策资金的消极保护与静态展示不同，故乡文创中心致力于推动乡土文化的深度挖掘与产品化转化，注重从文化运营角度出发，将乡土文化元素通过文创、艺术、研学、活动等全新手法进行创新利用，延伸出主题文创商品、美学手作活动、乡土研学课程、主题文化演艺等一系列可运营、可体验的乡土文化产品，从而赋予乡土文化以文旅运营价值，以此为乡土文化记忆的保护与传承提供持续动力。

1.2 故乡文创中心的基础依托是乡村共创机制构建

乡土文化的保护与传承，除了政府和本地村民之外，还需要更多专业化主体共同参与。故乡文创中心的建设，正是基于开放、共创、共享的理念，为有意愿参与乡建事业的各方力量打通一个进入乡村的入口。故乡文创中心，将致力于为在地村民提供日常文化活动与农特产品展销的空间，为非遗传承人、本土艺术家提供乡村里的工作、公共演出或个展空间，为返乡创业青年和乡旅投资者提供乡村创业空间以及政策对接服务，为乡村和城市里的儿童提供多元化的乡土教育产品，为到访游客提供深度的乡土文化解说，以此塑造一个多方关联主体可以了解乡村、进入乡村、参与乡村发展的基地，最终推动乡村建设共创机制形成，为乡村文化保护与发展凝聚多方力量。

1.3 故乡文创中心的终极价值是以点带面的乡村新产业孵化

乡村振兴的核心抓手是产业振兴，缺乏产业基础的乡村建设无异于空中楼阁。设立故乡文创中心，文化是出发点和着眼点，而终极目标是在乡村中塑造一个具有持续活力的产业发展突破口，形成乡村里文创产业、文旅产业、新农业产业的"示范区"和"试验田"。以故乡文创中心为基地，对外吸引和整合产业资源，并帮助返乡创业的相关主体流转田舍、对接政策、整合营销，对内做文创农礼、乡土研学、度假民宿等业态的孵化与示范，并逐步向村域其他范围辐射，带动更多新村民进入乡村，围绕乡土文化主题的落地建设更多元化的乡村特色产业项目，最终实现以点带面的乡村产业振兴。

2 敕勒川故乡文创中心落地实践的关键步骤

敕勒川故乡文创中心坐落于呼和浩特市新城区奎素村。奎素村背靠大青山5万亩（约33.3km²）森林（图1），面朝敕勒川国家草原自然公园，村内保留着古泉、老树、庙宇等传统乡土风物，延续着独特的灯官习俗，拥有着农牧交汇、多民族融合的文化特征，是敕勒川乡土文化记忆的典型保存地。2021年4月，大地乡居受新城区人民政府

图1 站在奎素村远看村边的大青山

图2 奎素村村庄入口景观

图3 村里景观改造（棚子处是村里的一口老井）

委托，启动奎素村乡村振兴示范项目落地营建工作。通过对奎素村多次踏访与深入调研，大地团队制定了"依托村内闲置小学校，整体打造敕勒川故乡文创中心，并以此为抓手推动奎素村乡土文化保护与乡村振兴发展"的整体方案（图2、图3）。敕勒川故乡文创中心，围绕"敕勒川上的故乡"这一文化主题，重点通过空间改造设计、文化调研与乡村策展、乡创资源整合对接以及乡村文化产品体系构建等关键步骤，系统化激活了奎素村的敕勒川乡土文化资源。

2.1 空间改造：从一所废弃小学到一个复合功能的新乡土空间

敕勒川故乡文创中心依托奎素村内一座占地约10亩（约0.67hm²）的废弃小学校（图2）改造而成。整个改造方案在保留原有建筑肌理和小学校文化记忆的基础上，本着新乡土、低成本的改造理念，从运营需求的角度出发，最终在原小学校址上形成了五大全新功能空间：一座兼具接待咨询前台与文创农礼展销功能的乡村博物馆、一个面向城乡中小学生群体的敕勒川乡土研学中心、一个致力于推动本土非遗传承创新的草原新民艺工坊、一个公共开放的小型户外乡野探索乐园、一组面向在地艺术家、非遗传承人、新农人群体免费使用的乡村共创工作室（表1）。合理而高效的空间改造设计，赋予了乡村废弃小学校全新的价值，有效激活了乡村闲置资源，满足了后续运营团队对文化展示、乡土研学、产业孵化、公共活动等多方面的空间需求（图4、图5）。

表1 敕勒川故乡文创中心空间功能划分表

空间名称	面积/m²	承载功能
乡村博物馆	200	乡土文化主题展览、乡村文旅接待咨询、乡土特产与文创商品展销
草原民艺工坊	150	非遗传承人工作室、非遗手作活动
乡土研学基地	450	研学教室、研学宿舍
乡创工作室	500	乡创办公、艺术沙龙、小型艺术展演
乡野探索乐园	350	亲子户外游乐区、户外研学活动场地

图4 敕勒川故乡文创中心改造鸟瞰图

图5 敕勒川故乡文创中心改造局部效果图

2.2 文化策展：敕勒川乡土文化系统调查与全新解读

在空间改造的基础上，依托其中的乡村博物馆空间，大地乡居与中央美院策展团队展开合作，正式启动敕勒川乡土文化主题展的策展工作。为了获取第一手翔实的乡土文化资料，策展团队走进大青山，深入奎素沟，寻访神奇的奎素石和阴山岩画；访问村中的老人，认真聆听奎素古井、灯官习俗的故事，探究奎素村农牧交汇、多民族融合的独特文化基因；拜访当地非遗传承人，详细了解本土非物质文化遗产的发展背景、技艺特点以及传承情况。

依据搜集整理的大量原真性乡土文化素材，以"敕勒川上的故乡"为主题，展开对奎素乡土文化的重新解读与展览策划，最终在200m²的展览空间内，形成了"敕勒川上的村庄、奎素：泉水涌出来的地方、奎素数据、奎素乡俗—灯官灯会、敕勒川上的蒙古马与马背艺术、敕勒川草原生态、敕勒川草原昔时今日"等十余个展示板块，系统解说了奎素村的乡土自然、村庄风貌、民风习俗、非遗艺术、山野生态等，修复了奎素村乡土文化记忆体系。为了增强展览的可读性与体验性，团队对展览的视觉色剂以及呈现方式进行了创新，绘制了奎素村乡土生态图、奎素探索地图，创意制作灯官、奎素石等乡土主题艺术装置，并用村民提供的老照片制作了奎素老照片墙（图6），使整个展览更具艺术性与可读性。

乡村博物馆的展览策划与实施，是对奎素村乡土文化记忆进行的一次系统性调研和解读，不仅形成了具有体验性和参与感的新型乡土文化解说中心，同时也梳理出具有产品与产业转化价值的在地乡土文化元素，为后续文化产品开发和乡村文旅产业发展奠定了良好的基础。

2.3 持续运营：基于乡村共创的乡土文化产品运营体系构建

在对奎素乡土文化进行系统调研与梳理的基础上，大地乡居团队从乡村持续发展的角度出发，制定了奎素村乡村文旅产品与产业运营方案，通过招募"乡村共创合伙人"，开发敕勒川乡土研学课程体系，推动大地乡居·敕勒川示范民宿的落地运营，围绕敕勒川故乡文创中心，系统构建奎素村的文旅产品体系。

2.3.1 "乡村共创合伙人"招募

依托敕勒川文创中心改造出来的工坊以及乡创工作室空间，围绕敕勒川相关文化主题，推出"乡村共创合伙人"招募计划。以免费提供专门的创作与运营空间，并提供政策对接、品牌营销等方面的支持为条件，积极对接并引入地理、历史、生态、民族、文化、民俗、艺术等学术领域专家学者、非遗传承人，以及旅游、研学、文创、艺术、康养、乡村发展、社区营造、新媒体传播、投融资等领域的人才和团队，与大地乡居一起合力推动敕勒川文化传承、产业发展和乡村振兴。通过这种方式，吸引了敕勒川当地的皮具非遗传承人、草原知名歌手、草原生态专家等外部优质资源入驻奎素村，成为奎素村的乡村共创合伙人（图7），为奎素村的乡村文化保护与系统开发提供了更多可能。

2.3.2 敕勒川乡土研学课程体系研发

故乡文创中心的一个重要功能是乡土研学教育。通过研学教育，让下一代更加深入地了解乡村，感受乡土，形成文化认同，是乡土文化记忆能够传承下去的重要驱动力。为了塑造敕勒川故乡研学品牌，大地乡居团队系统研发"敕勒歌、敕勒川、敕勒故乡"三大系列研学课程体系，最终形成奎素沟远足、无痕山林（LNT）、青山生灵、手作步道、阴山岩画、五感体验、牧草百科、草原识云、蒙古马的故事、地方历史、草原音乐、皮画非遗、马鞍上的艺术等30个系列课程模块，并为3~16岁不同年龄阶段的孩子设计符合年龄特点的主题课程包，通过系统化乡土研学课程与研学活动研发和运营，将奎素村塑造成敕勒川草原上的乡土研学特色村和文化非遗传承基地。

2.3.3 大地乡居·敕勒川示范民宿运营

针对奎素村拥有180余套闲置院落，空心化趋势明显，我们将民宿度假产业作为奎素村未来的主导产业，提出奎素村"敕勒川草原民宿集群"的总体发展定位。在敕勒川故乡文创中心筹建的同时，改造8处闲置民居院落，打造"大地乡居·敕勒川"精品度假民宿（图8），作为与敕勒川故乡文创中心相配合的示范产业项目。未来以示范民宿为标杆，以敕勒川故乡文创中心为运营平台，奎素村将持续吸引民宿合伙人、知名民宿品牌入驻，最终将奎素村打造为集民宿、非遗传承、研学教育、艺术体验等功能于一体的、极富敕勒川乡土文化内涵的美好乡村微度假目的地。

图6 奎素灯官习俗展示区设计图

图7 乡村共创合伙人招募活动

图8 大地乡居·敕勒川精品民宿改造效果图

实功能;另一方面也可以发挥政策衔接、资源整合、新村民引入等乡村运营平台的作用,逐步带动乡村产业创新发展,是一种硬件空间改造与软性产业运营相结合的文化创新方式,且具有投资小、落地周期短,文化效益、社会效益和产业效益明显等特点,应能够成为乡土文化保护与发展的一种有效路径。

3 总结:可体验、可运营的文化产品转化是乡土记忆保护与传承的动力

总体来说,乡土文化记忆的保护与传承,是乡村振兴工作的重要内容。然而,乡土文化的保护与发展是一项兼顾社会公益、产业发展、社区营造等的多目标系统工程。除了政策层面的推动和引导,还需要从产业价值、市场价值的角度出发,将传统乡土文化元素与现实的文化体验、产业发展需求精准对接,找到传统乡土文化记忆向可体验、可运营的文化产品有效转化的路径与渠道,方能真正激活乡土,实现乡村文化的可持续保护与发展。

故乡文创中心既是一个立足于乡土文化、面向乡土创新发展的实体文创空间,也是一个具有引领性、孵化力和联动效用的新乡村产业运营平台。故乡文创中心一方面可以依托实体的公共文化空间改造,承载乡土文化展示、乡村研学教育等现

参考文献

罗德胤,2015.旅游规划设计:村落保护:大众化和产业化[M].北京:中国建筑工业出版社.

石鼎,2019.从生态博物馆到田园空间博物馆:日本的乡村振兴构想与实践[J].中国博物馆(1):43-49.

张祝平,2020.基于乡土记忆的乡村公共空间营建策略研究与实践[J].河南教育学院学报(哲学社会科学版),39(1):29-32.

李慧茹,2020.敕勒川文化:中华民族多元一体格局的生动体现[N].中国民族报,2020-03-31.

探索"陪伴式乡村运营共建"模式：重庆市银河村实践案例

Villagers and Community in Cooperation: Experiences from Rural Revitalization of Yinhe Village in Chongqing

文 / 李永良　李路宜　李济彤

【摘　要】

乡村振兴，建立平台靠外力，激活还要靠内生动力。共建模式是一种尚处于探索阶段的路径，本文讲述了在重庆市银河村探索实施的"陪伴式乡村运营共建计划"的一个阶段。共建团队在驻村陪伴过程中，对村民生活环境、村庄资源等进行挖掘、整合、介入，对村庄人居环境和精神文明进行改造，激发村民内生动力，构建与村民共治、共建、共享的乡村治理新格局。希望通过已开展的行动，探索社会团队与村集体共同合作的工作方式，探讨乡村振兴内生动力的可实现路径。

【关键词】

陪伴式共建；乡村运营；重庆银河村

【作者简介】

李永良　古村镇大会秘书长、乡村复兴论坛秘书长
李路宜　乡村复兴论坛秘书处编辑
李济彤　北京中学国际部学生

1 引言

乡村曾是国家繁荣发展的"大后方",却在时代逐浪中渐渐没落,沉睡一隅。如今,"三农"工作被提到新高度,成为全党工作的重中之重,各地在建筑规划、民宿运营、文旅投资等方面如火如荼地开展乡村建设。然而,中国东西南北差异大,造成乡村风格迥异,各有特点,因此,针对差异化的乡村在地情况,乡村复兴论坛提出"陪伴式乡村运营共建计划",即在驻村陪伴的过程中,对村民生活环境、村庄资源等进行挖掘、整合、介入,从后期整村运营的角度出发,为村庄升级改造,激发村民内生动力,构建与村民共治、共建、共享的乡村治理新格局和理想乡村生活。自2020年11月以来,共建团队以重庆市银河村为试点开展了半年的陪伴共建活动,其中,村庄建设在很多方面取得了进步,但也出现了一些多方合作、资源导入的问题。我们希望通过已开展的行动,探索社会团队与村集体共同合作的工作方式,探讨乡村振兴内生动力的可实现路径。

2 银河村:"不传统"的重庆乡村

银河村(图1)位于重庆市荣昌区,距离重庆主城区98km。整体而言,银河村属于典型但"不传统"的西南乡村,它既没有传统村落风貌,如层层落落的土墙瓦房、别具一格的建筑风格、地方风俗,也没有大众印象中的川渝地方茶馆文化,只有被卷入现代化社会后建起的平层民房,以及零散分布的几处老井、祠堂、无人居住的唐氏家族旧宅。

银河村占地面积约12km²,有1700余户,常住人口大多是留守老人、孩童,村民居住分散,村民向心力较弱,对村庄公共事务几乎是不了解和不参与的状态。类似银河村这类刚脱贫的乡村,位于距主城较远的周边,精神内核和各类资源也处于城市化边缘,但一定程度上,宽阔的村域面积和远离城市环境的区域位置,反而让它拥有潜在的发展优势。

"陪伴式乡村运营共建"是为"乡村居民缺乏公共参与、缺乏村庄集体意识"这一难题开出的"药方"。早在2016年,重庆市荣昌区就围绕还权、赋能、归位探索了乡村治理制度设计,形成了"村集体—小院讲堂"联动的方式,力求改善乡村治理中的种种问题,并取得了一定成效。但是,村民的主动参与性提高不足,对政府的依赖性比较强,只有在小院讲堂推出的活动满足他们的需求时才会来参与旁听。

那么,如何让居民主动参与社区事务,从而激活村庄发展的内生动力呢?"陪伴式乡村运营共建"旨在解决这个问题,其内涵是在陪伴的过程里,社区居民持续以集体行动来处理共同面对的村庄生活议题,解决问题的同时也创造共同的生活福祉,彼此及居民与社区环境逐渐建立起紧密的社会联系。

3 村民与共建团队的融合共建

3.1 村民调研与村庄挖掘

进入乡村,团队始终要围绕"村民是共建主体和主要受益者"的重要原则和"壮大集体经济"的主要诉求展开工作。

针对银河村地广人稀的现实情况,共建团队对村落每户人进行走访、调查、研究(图2),从调研村庄生态环境、人文历史、社会结构、产业

图1 银河村

图2 调研与走访村庄

图3 村民技艺挖掘

图4 共建志愿者

在这个过程中,团队提前邀请香港中文大学、西南大学等高校的8名学生以"共建志愿者"的名义加入(图4),充分利用高校学生的知识素养和多种技能,帮助共建团队在初期开展孩童辅导、村民陪伴等基础搭建工作,培养他们的乡村实践兴趣。

3.2 筹建内生组织展开集体活动

共建团队在入驻村庄初期,先从组织广场舞、环卫队、乡村电影院、孩童辅导班,帮助留守老人、孩童,妇女及整治村庄卫生、村风等普遍问题着手,组织集体活动,从而挖掘出愿意参与集体活动与村庄公共事务的带头村民。

3.2.1 筹建坝坝舞(广场舞)队

联系本地广场舞老师,每周定期进村教学,丰富村民日常娱乐活动,提升村民身心健康水平,培养村民自发组织广场舞运动的主观能动性。同时,通过广场舞发掘村里的积极妇女,使其在今后的其他集体活动中发挥作用。

3.2.2 组织村民环卫队

共建团队通过组织村民环卫队,鼓励村民自发参与,自觉维护银河村环境,建立村民环保意识。村民可以通过积攒每次捡拾垃圾获取的积分(徽章),兑换洗漱用品、小电扇、书包等日常生活用品(图5)。

由最积极的李孃孃作为队长,带领这个由30多人组成的环保队每周六花1小时义务捡垃圾,让捡垃圾成为村民自觉呵护家园的具体行动。共建团队特意将环卫队活动的时间定在每周六下午孩童辅导班之后,让村里上至七八十岁的老人、下至

现状、民居风貌等着手,了解村民生活(留守现状、外出务工人员现状)、村庄产业(养种植类型、规模、销售渠道),并深入挖掘银河村的自然资源、民俗工艺(图3)等,收集村民对自己家乡未来发展的建议和愿景等。

五六岁的孩子以及部分家长都加入这个团队，到后来活动步入常态化，村子逐渐变得干净整洁。

3.2.3 开设乡村电影院

在每周五晚饭过后，共建团队联合村集体的工作人员，组织村民到小院讲堂看电影，简单的小马扎，配上大银幕，放上采购的一些柑橘、花生，为村民提供文化休闲娱乐活动的同时，搭建一个村集体服务村民、和睦的平台（图6）。

3.2.4 组建孩童辅导班

村里组建孩童辅导班的一大难点在于，乡村地区专门从事辅导工作的志愿者不多，且对相关教育知识的了解不深入、不全面；参与活动的孩子年龄跨度较大，无法实现以年龄段或更为精准的方式开展活动。"授人以鱼，不如授人以渔"。

共建团队每周定期组织重庆周边高校学生，为银河村留守儿童和放假回家的孩子辅导音乐、美术、数学、语文等学科，并开展村庄采风、植物探秘、艺术绘画等课外互动活动，为村里的孩子提供课余帮助，增强学生们与外界互动交流的机会，开阔视野（图7）。

3.3 最美庭院改造计划

"想给自家30多亩枇杷采摘园平出一块停车场，方便游客来耍；院坝铺平坦好看些；枇杷园的牌子得立起来……"这是银河村村民何天兴在与调研团队交谈时说出的心愿。

在村集体已有的"美丽庭院"每月评比基础上进行扩展，共建团队与村两委入户访谈说服村民，征集到9家有意愿改造的农户，面向全国发出"最美庭院改造计划"（图8）。经过一个多月的征集，81个高校青年团队报名并实地考察选点，最终提交了63套设计方案。而后入选作品以展览形式摆放在小院讲堂，18位庭院主人和热心村民当"评委"，通过打分选出满意的作品。

共建团队为银河村接洽高校资源，邀请重庆文理学院、重庆对外经贸学院建筑设计、美术绘画、景观环境等专业的学生，分批次来银河村开展暑期实践，与村民合作将设计落地（图9）。学生们按照"就地取材、因庭施策"的原则，一对一与村民沟通，调整庭院设计方案，描绘了鲜亮的墙绘作品，设计了简单精巧的砖砌小花园，制作了包含巧思的陶罐、竹编灯。在充分考虑村民的经济情况后，学生们拿起铁锹和锄头清理杂草砖块，翻整院坝铺出平地，网购颜料手绘墙绘，砍竹子做花圃，讲解图纸，听取需求，以最低成本帮助村民实现改造家园的梦想（图10）。

图5 村民环卫队的日常活动

图6 乡村电影院

此次庭院改造活动，摆脱了以往村庄建设一味依赖政府组织、财政投入的方式，开始从村庄自发组织建设，补贴小额改造资金，村民主动投工投劳，每个人都将改善人居环境当作自己的事和责任。当公共事务满足了村民对美好生活与家园建设的新期待，主体意识便开始萌芽，这无疑是实施"最美庭院改造计划"的目的和意义所在。

3.4 村民培训

集体活动的"进阶版"便是定期举办村民培训，鼓励村民参与集体事务的筹备工作。

在村民培训上，共建团队一方面"引进来"专家进村教学，另一方面组织村民"走出去"学习实操技能。有一些家在村庄水库边的村民希望自办农家乐，但又不知道怎么做。因此共建团队组织了一批有意愿的村民去四川绵阳，免费学习客房硬件设施的选购、服务礼仪，民宿茶艺、花艺以及咖啡、果汁、软饮的制作等实操内容，让村民接触先进的农家乐运营理念，开阔眼界，为自主创业打下基础。

随着内生组织自发、有序成长，共建团队趁势组织了冬至集体包饺子、元旦跨年、新年送祝福等节庆活动，将电影院、广场舞等内生组织联合起来加强凝聚力。大家在集体行动里感受到温馨和喜悦，村民知道自己在被看见、被信任，他们在丰富多彩的活动中承担起自己作为村庄一份子的角色——跳舞、在电影散场时清扫场地、主动维护环境、包饺子、写毛笔字、与家人一起拍摄全家福……村庄充满了活力和希望。

图7 孩童辅导班

图8 "最美庭院改造计划"

图9 学生们与村民一对一沟通落地

图10 重庆对外经贸大学学生为村民何天兴的枇杷园手绘墙绘

下一阶段，村集体将通过开展"乡贤大会""村庄吐槽大会"，让村集体与村民共议村庄发展定位，共商化解矛盾和克服困难的途径。随着村子的发展前景逐渐明朗，村民的内生活力和能动性被激发出来，越来越多的村民参与到社区建设中，即便是项目结束、团队离开后，村民仍然能无偿参与集体活动筹备工作，共建共享生态社区。

4 外部资源导入

4.1 村庄视觉设计

共建的意义是从依稀消逝的村民精神中，慢慢重聚起户主和睦的社区文明。对银河村而言，共建团队的作用不只是陪伴，而是用一支年轻团队真善美的行动，凝聚起村庄共同体的建设。

乡村logo是对地方文化和精神的高度凝炼和形象表达，涵盖自然风貌、景观、文化、产业等发展内涵。只有真正沉浸到乡村的真实环境和生活之中，深入调研和挖掘，才能将一地的亮点凸显出来。通过挖掘银河村的文化、产业元素，为银河村设计融合柑橘树、兔子、水库等形象的村标和吉祥物（图11），并将其运用到村庄最主要的农产品——柑橘的包装上，为乡村植入新的视觉表现，提高银河村形象的"出镜率"。

4.2 村民生活记录

进入村庄之初，团队协助村委搭建了"银河村village"公众号，对外积极宣传展示银河村，对内增强村民的文化认同感和自信感，半年已发布16篇文章、12条短视频。

公众号记录的是一个具体的、真实的村庄自我改变和生长，它的核心是村民，它的梦想来自村民。记录的内容则是半年间的数十场集体活动，它们一起自发地、简单地构成了一个个村民生活影像。

4.3 村庄产业规划

通过协调建筑规划（图12）、民宿运营、艺术设计等各方有效资源，创造合作机会，让来自不同专业和技能的人共同努力，发展可行的方法，带动银河村开展地方建设。

5 对陪伴式乡村共建模式的思考

乡村振兴，建平台靠外力，激活还是要靠内生动力。举办集体活动的最终目的是引导村民有组织、规范地主动参与村庄事务，到后期即便没有第三方团队的服务，村庄内生组织也能自发筹办。主要要做好以下几方面工作：

第一，坚持"政府引导"，乡村社区需做前期规划。仅仅依靠一些村民培训课程是无法激活乡村发展潜力的，所以需要发掘村庄能获得经济价值的资源（如生态环境、农林牧养殖等），让村民"实践场上见真章"。需要政府在导入社区营造前或中，就做好一些必要的基础设施保障的准备工作，并配合社区营造的实时进度，在明晰村庄未来规划的基础上，做好后续文旅项目的规划建设行动，"不打无准备之仗"。陪伴式共建是一个长久工程，需要时间累积和检验，无法要求产生"立竿见影"的效果。

第二，村支两委思想意识提升。村支两委各领导干部是实施乡村振兴战略的中坚力量和政策执行者，村支两委对乡村振兴模式的探索应与国家战略保持高度一致，同时应努力促进各方资源协同发展。纳才引智，全力配合各方资源完成产业引进，活动策划等是必要环节。

第三，持续"陪伴共建"：多主体参与治理社区。一是多主体发力，关系融洽，配合默契。社会共建团队既需了解村委的需要，也要倾听村民的诉求，更要协调镇街的初衷和对社区的定位。通过多元协商、多种形式和多层循环的手段调和三方，达到"引导村民共建自治、提升村委服务效能、促进社区致富和谐"的目标，创建和谐共赢的社区环境。新时期的乡村建设实施主体必须是村民，共建团队的工作应是对村民进行"帮扶"而非"取代"，只有让村民有意愿、有能力共同参与村庄建设和管理，村庄才有可能建立长效运

图11 银河村的Logo

图12 银河村农家乐规划

营机制,村庄发展才有可能获得不竭的内生动力。

二是引入社区共建团队有着重要意义(图13)。共建团队需要一个能发挥创意和施展身手的空间。实物空间是展示美好乡村社区生活的载体,可以是创客空间、青年服务站等。

第一重意义:呈现真实的乡村生活。共建团队的引入可以带给村民、村两委及镇街一种对乡村生活、治理的思考方式:做这么多村庄治理行动和组织集体活动,都是为了呈现最佳状态下的乡村社区。因为美好的乡村生活既能对外传达正能量的乡村生活场景,激发外来人对乡村的向往,带动文旅产业的发展,更能回引本村本乡人,切实解决诸多乡村发展的问题(空心化、人口老龄化),提供一个具有借鉴意义的乡村振兴模式案例。

第二重意义:人与环境的适用性。不管是蒲江明月村、河包经堂村,还是很多浙江网红乡村,都存在一种共有模式——自然环境与人文环境结合带来吸引力。"相由心生",只有把想象的美好呈现出来,才能让人直观地看到其内在,从而深入内在文化。在共建过程中,第三方共建团队提供人才、智库、资源支持,政府方根据实际规划需要配套相应的空间支持、环境治理、人文挖掘。虽然不可能一步到位,但也要达到循序渐进且时时有变化的要求。因为变化带给村民的是思想观念的颠覆,带给村委的是工作观念和方式上的创新,带给镇街的是政策扶持的有效成果。

第三重意义:激活人的精神和思

想。社会发展以人为本，不论以什么方式着手社区工作，都离不开精神层面的支撑。人的精神需求是空间、建筑、环境发展最长久的生命力之源。社区营造要提前做好村民的功课，摸底排清村民的诉求意愿，在"共建"中珍藏新老村民的美好记忆，在"共治"中激发村民的自尊心和自豪感，以奠定"共享"阶段的可持续发展的基础。但人的工作不是简单的表面相处，需要用与村民切身利益相关的活动、组织让其稳固、持续参与。

通过一系列活动组织，让村民参与其中的同时逐步让村民发挥自身的主观能动性，通过村集体或外部资源带头后形成自身习惯，让村民形成良好的活动组织习惯，从而让村民形成自己策划、自己学习、自己参与的主动意识。

共建模式是一种探索，是乡村振兴道路上的一种实践路径，围绕着社区村民的获得感、幸福感、安全感进行实践。其中，三方的供需匹配是合作的前提，在总结提炼中想好共建模式的下一步着手点和落脚处，提出一种相对完善的可能的解决方案，也是体现此模式的探索成果之一。

图 13　引入社区共建团队

旅游规划与设计 以往主题回顾

健康旅游与养老旅游
2022 年 4 月

过度旅游及其治理
2021 年 11 月

体育旅游与户外游憩
2021 年 6 月

遗产活化　社会参与
2020 年 11 月

野生动物旅游
2019 年 12 月

旅游风险与旅游安全
2019 年 3 月

美食旅游
2019 年 1 月

自然旅游与自然教育
2018 年 9 月

旅游建筑与建筑旅游
2018 年 6 月

城市旅游
2018 年 3 月

地学旅游
2017 年 12 月

乡村健康旅游与乡居生活方式
2017 年 9 月

遗产旅游：呈现与活化
2017 年 6 月

景区容量与游客管理
2017 年 3 月

儿童及亲子旅游
2016 年 12 月

生态旅游
2016 年 10 月

台湾乡村旅游与民宿
2016 年 6 月

主题公园
2016 年 3 月

旅游厕所
2015 年 12 月

传统村落：保护与活化
2015 年 9 月

民族文化旅游
2015 年 6 月

创意旅游综合体
2015 年 3 月

国家公园与风景名胜区
2014 年 11 月

绿道·风景道·游径
2014 年 10 月

智慧旅游与旅游信息化
2014 年 6 月

博物馆旅游
2014 年 3 月

海洋与海岛旅游
2013 年 12 月

旅游演艺·影视旅游
2013 年 10 月

乡村旅游·乡村度假
2013 年 7 月

创意农业
2013 年 2 月

古镇·旅游小镇
2012 年 11 月

精品酒店
2012 年 6 月

旅游移动性
2012 年 1 月

节事·城市·旅游
2011 年 5 月

景区管理与九寨沟案例研究
2011 年 1 月

旅游·中国·未来
2010 年 8 月